海口市第一中学教育集团教育教学系列成果

从"新"出发

——海口市第一中学新课程新教材实践探究

主　编　赵金玲

副主编　汪剑春　吴永红　杨　琪　黄文莉　张　虹

湖南大学出版社

·长沙·

图书在版编目（CIP）数据

从"新"出发 ：海口市第一中学新课程新教材实践
探究/赵金玲主编. —长沙：湖南大学出版社，2025. 4.
ISBN 978-7-5667-4041-0

Ⅰ. G632.0

中国国家版本馆 CIP 数据核字第 20252Q1F43 号

从"新"出发

——海口市第一中学新课程新教材实践探究

CONG "XIN" CHU FA

—HAIKOU SHI DI-YI ZHONGXUE XINKECHENG XINJIAOCAI SHIJIAN TANJIU

主　　编：赵金玲
责任编辑：张　毅
印　　装：湖南省美如画彩色印刷有限公司
开　　本：787 mm×1092 mm　1/16
印　　张：13
字　　数：277 千字
版　　次：2025 年 4 月第 1 版
印　　次：2025 年 4 月第 1 次印刷
书　　号：ISBN 978-7-5667-4041-0
定　　价：52.00 元

出 版 人：李文邦
出版发行：湖南大学出版社
社　　址：湖南·长沙·岳麓山
邮　　编：410082
电　　话：0731-88822559（营销部），88821251（编辑室），88821006（出版部）
传　　真：0731-88822264（总编室）
网　　址：http://press.hnu.edu.cn
电子邮箱：743220952@qq.com

序

根据《国务院办公厅关于新时代推进普通高中育人方式改革的指导意见》（国办发〔2019〕29号）有关要求，教育部从2020年开始在全国遴选建立普通高中新课程新教材实施示范区、示范校，建设周期为3年。海南省海口市成为首批国家级"双新"实施示范区，海口市第一中学、海南中学、海南华侨中学被遴选为首批国家级示范校建设单位。在普通高中新课程新教材实施、以变革育人方式为目标的艰难探索中，教育行政管理者、学校、教师多方努力，在奋进前行的路上，奏响了教育智慧与创新激情碰撞的华彩乐章，宛如一部教育理想与实践完美融合的宏伟史诗，书写着教育人对理想教育的执着追求！

从"新"出发，海口市第一中学作为首批普通高中新课程新教材实施国家级示范校，凝心聚力，勇于创新，开启了高中育人方式改革的深度探索，这是一次向着教育本质回归的勇敢挑战，是一场破茧成蝶的华丽蜕变。老师们以扎实深厚的专业素养为基石，如同技艺精湛的能工巧匠，深入剖析新课程新教材。在教学实践中，不再受缚于传统教学模式的枷锁，在新理念的指引下，匠心独运地创设真实且富有意义的教学情境。从课堂架构到核心素养的探究，从单元教学的设计到信息技术的融合创新，从资源开发到教学评价……多样化的教学方法和多元化的评价体系成为育人方式改革的有力双翼，推动海口市第一中学向着培养全面发展、创新发展的人才目标不断迈进！

对于教师而言，"双新"改革带来的是深刻的思考与全新的挑战。老师们意识到，教育不再是简单的知识传授，而是培养具有创新精神、实践能力和社会责任感的全面发展人才的伟大事业。在"双新"背景下，教师不仅要成为学科知识的专家，更要成为教育教学方法的研究者、学生成长的引导者，因此如何更好地设计教学情境、引导学生自主学习、运用多元化评价促进学生发展等问题，成为教师日常思考和探索的重要课题。这些在实践中积累的教学经验，汇集成文，并非终点的奖杯，而是途中的路标，提醒着我们，教育是一场无尽的辩证之旅，是"变"与"不变"的永恒博弈："变"是为了顺应时代的潮流，让知识之舟能在新的航道上扬帆；"不变"是对真理的执着追求，如同

1

灯塔在岁月的风暴中坚守。

展卷研读，每一篇论文，都如同一颗颗希望的种子，在更广阔的教育沃野中生根发芽，一定会绽放出更加绚烂多彩的教育之花，为培养适应时代发展需求、适应海南自贸港建设需求的创新型人才奠定坚实而深厚的基础。

海口市教育研究培训院院长　　潘华莉

2024 年 11 月

目　次

一、新课程理念下的课堂架构

二、学科核心素养的实践探究

一、新课程理念下的课堂架构

1. 论新课程背景下高中物理学习方式的转变

朱世军

摘　要：为了实现课程目标，需要转变学生学习方式，倡导自主学习、探究学习、合作学习、多样学习、融合学习和批判学习，让学生在学习中提升核心素养，为终身学习和发展夯实基础。

关键词：课程改革；学习方式；核心素养

学生是学习的主体，学习的目标是进一步提高学科核心素养，学习活动是形成核心素养的途径，学习方式是课程改革的核心。学习好比锻炼，没有好的学习方式，学习目标就是空中楼阁，学生往往无法到达，甚至在迈向目标途中南辕北辙。在传统的教学中，往往出现老师满堂讲学生被动听、老师示范演示学生模仿、老师罗列知识学生记忆的情形。重教轻学，重结果轻过程，重知识轻方法，重个体轻群体，重学科轻融合，重接收轻思维。这样培养出来的学生往往双基良好，会背书、会做题、肯听话，但缺乏实践能力、创新能力和解决实际问题的能力，离开了老师或原来的教学情景往往无所适从，离开了学校就举步维艰。这样的教学变"育人"为"育分"，将"人"培养成了"机器""书呆子"，偏离了立德树人的本意。

物理教学的目标是通过物理学科的学习进一步促进学生物理学科的核心素养的发展，形成物理观念，提升科学思维，学会科学探究，培养科学态度与责任感，为学生的社会发展和终身学习打下坚实的基础，而不是仅仅会考试。要改变这种现状，就必须明确和聚焦新课程的教学目标，锚定目标不放松，将物理学科核心素养的培养渗透到教和学的全过程。我们培养的对象是学生，就必须还舞台给学生，还时间给学生，还主动权给学生，"注重过程性、体验性、探究性，通过多样化的学习方法，利用现代信息技术，引导学生积极参与、乐于探究、善于实践、勤于思考，引导学生理解物理学本质，从而整体认识自然，打下科学学习基础并学会学习"。为了实现以上目标，我们需要更新教学观念，转变学习方式。那么，学习方式该做哪些改变呢？

一、从"被动学习"转向"自主学习"

叶圣陶提出"教是为了不教"。教学的最高境界是让学生学会学习,"教"不是培养人的目的,而是手段之一,让学生能够自主学习,才是最终目的。学生被动学习记住的只是知识,机械重复掌握的只是技能,学习还处于低级认知、低阶思维阶段以及浅层状态。学习的本质就是学生自我建构的过程。学生是主体,是任何人都不能代替的,所以让学生学会学习的最好方式就是引导学生自主学习。学生是在知识海洋中遨游的主体,老师则是帮助学生的导游。只要学生能做的,就要引导学生做,鼓励学生做,帮助学生做,然后逐步减少老师代劳的部分,让学生成为课堂的主人、学习的主体。在教学过程中,老师要引导学生主动将所学知识与生产生活以及科技发展相联系,让学习有趣,让学生愿学。适当地降低难度,让学生自主发现结果,体验成功,让学生能学。当学生遇到困难时,实时地加以适当引导和指导,让学生会学,让学生在不断的挑战中顺利地学习,学生就会进入深度学习状态,养成科学思维,发展学习能力,达到学好的目的。例如:我们在"机械能守恒定律"的教学中,首先通过单摆碰鼻尖的游戏,激发学生学习的兴趣,激起求知欲,提出具有挑战性的问题和任务;随后让学生自主阅读关于能量守恒的探索过程意义;当守恒推导过程难度有点大时,可以帮助理清思路后再让学生推导,最后实验的验证也可以安排为学生实验,让学生自己动手设计和操作。学生通过学习机械能守恒定律的发现和发展过程,理解了机械能守恒定律的内容和其重要性,认识到真理不是一步到达,而是不断假设、求证、质疑、再探索的过程,培养科学思维;通过学习,经历了规律的认知过程,体验了科学的研究方法;也通过具体的操作和推理,将其具体的能力水平和掌握程度表现出来,为进一步的评价和改进提供了参考信息。

二、从"认知学习"转向"探究学习"

学习的过程,就是核心素养发展的过程。没有过程就没有素养的培养。素养就是当一个人把知识忘掉之后所剩下的东西。核心素养不是知识,学生进行知识学习可以直接跨过学习过程而直接记忆和认知,但他们的素养只能通过学习过程逐步培养和发展。知识是前人努力后积累的认识成果,是学习的载体和基础,而不是学习的全部。教师需要从结果出发去设计学习过程,让学生去经历探究过程,像科学家一样去经历和发现。根据"两次倒转"的学习机制,教学需要一个简约的、模拟的探究发现过程。新课程标准要求在物理教学的全过程中,全方位渗透科学探究能力的培养。新教材在编排结构和内容上有了很大的调整,朝着服务探究和引导探究的方向在改变。在科学探究的要求上,也突出核心，简化要素，注重培养提出问题、收集证据、合理解释和表达交流的能力。例如，在学习力的合成与分解的平行四边形法则时，以往教材的处理都是验证平行四边形法则，注重对平行四边形法则的认同、掌握和运用。现行教材的设计是"探究平行四边形法则"，这一要求的变化，让"验证"变成了"探究"，让目标聚焦于核心素养，让学生经历规律发现和探究过程，关注探究能力的培养，而不仅仅是为了得出结论和运用结论。现行教材每节课的开篇都是提出问题，其目的一是明确学习目标，抛出学习主题；二是养成问题意识，培养学生提出问题的能力，开启科学探究的旅程。同时，现行教材中所有探究的问题，都没有直接给出结论，目的就是要学生自己动手，经过探究，自己得出结论，强调探究过程，倡导探究学习。

三、从"单一学习"转向"多样学习"

学生的智能是多元的，学习的内容是变化的，学习方式也应该是多样的。每个人学习的具体偏好和有效的学习方式不尽相同。多一种学习方式，就多了一种优化可能，就多了一种更好的选择。不同人选择不同的学习方式，可以实现学习的个性化，体现教学的差异性。允许学生有不同的学习方式，就可能多一个可以"学好"的学生。另外，不同的学习内容，培养不同的能力，需要不同的学习方式。一个人多种学习方式的切换，也可以让学习更有趣和新奇，让学习不再单一和枯燥无味，让学习变得可持续化。同一堂课上，一群人不同的学习方式也可以让课堂变得多样化。比如探讨同一个物理规律时，有的学生喜欢从理论上去推导，有的同学喜欢从实验探索，有的学生喜欢收集已有的研究成果。同一个课堂，有的学生喜欢发言和表现自己，有的学生喜欢倾听别人的意见，有的同学喜欢安静地阅读和思考，有的则喜欢辩论和讨论。一堂课中，往往需要整合探究式学习、参与性学习和体验式学习等多种学习方式，当然也需要"老师讲学生听"的认知学习方式，让课堂有节奏、有色彩，也能让学生有参与、有兴趣，实现共同发展。比如在"自由落体运动"的教学中，我们可以采用角色扮演，让学生分别出演亚里士多德、伽利略和其他研究者，让学生模拟穿越到古代，参与到关于物体下落运动研究的争论中，各展所长去证明自己的观点，在争辩中促进思维发展。在这个过程中，学生有的认为质量重的物体的下落速度快，有的认为一样快，这些猜想我们都允许提出，也鼓励学生通过不同的方式证明自己的想法。有的同学会观察和举例，有的同学会利用身边的物体进行实验，比如采用纸巾展开和捏成团进行下落速度的比较，进而交流和探索出影响物体下落速度的因素，然后，进一步让学生进行牛顿真空管或其他实验方式的实验和对比，或者观看航天员在太空中的落体实验，总结出自由落体的物理模型，继而概括出自由落体的运动特征。另外，物理除了引导学生阅读和分析课本的文字和图表这样的学习方式，还有走出课堂到工厂和生活中观察、到图书馆查阅、聆听专家讲座和使用互联网等多种学习方式。

四、从"独立学习"转向"合作学习"

人是群体动物，任何一个人都不可能脱离群体而生存下去。有人的地方就有社会，尤其是随着科技的发展和世界的全球化，个人的单打独斗的力量很微弱，个人的梦想必须和群体结合起来，才有更大的合力与发展，才能更好地服务社会、适应社会。通过合作学习，我们可以在这个微小的社会中开始适应群体生活、学会交往、学会参与、学会倾听、学会尊重、学会共享和学会互补。著名的作家萧伯纳曾经说过："假如你有一个苹果，我有一个苹果，彼此交换后，我们每人仍只有一个苹果。但是，如果你有一种思想，我有一种思想，那么彼此交换后，我们每个人都有两种思想。甚至，两种思想发生碰撞，还可以产生出两种思想之外的其他思想。"学习的过程，也是思想的成长与碰撞。通过合作学习，同学们可以相互促进，也可以培养交流合作能力，培养团队精神，实现个人和集体的双赢，最终被培养成为中国特色的社会主义的建设者和接班人。高中物理教学中，通常采用分组实验和小组学习的方式，同一个组内的同学为了顺利完成共同的任务，既要有明确的分工，又得相互合作，充分配合。这让学生充分体会合作的必要性，也培养了合作能力。组和组之间，既是竞争关系，又互为学习伙伴，老师需要处理好竞争与合作关系，培养学生的科学道德精神。比如在"力的分解"的课堂中，分小组重点探讨一种分解的类型，各组学生基于竞争会齐心协力，然后分组分享探究的结果，最后共同总结，就形成了比较全面的认识。在课堂中，学生既可以体会分工合作的重要性，也可以培养分析能力和全面的科学思维。即使是同样的课程类型或探究主题，也可以和别的组进行对比、借鉴、改进，甚至可以基于证据实事求是地指出对方的错误，提出自己的看法，鼓励质疑创新，提升批判性思维能力。

五、从"学科学习"转向"融合学习"

物理学科的学习是基于生产生活，学习的目的是回到生产生活中解释自然现象，解决生产生活中的实际问题。现实中的生产生活不会是只有物理，只有化学，而是一个立体的综合体系，物理只是其中的一个维度。物理必须和其他学科高度融合，相互借鉴，才能实现学习效果的最优化，适应生产生活的发展。比如线上线下的融合学习、多学科融合的项目式学习等。随着信息技术的不断发展和学校教学条件的不断改善，电脑和网络已经成为学习和探索知识的有力工具，学生可以通过各种现代化媒介获取信息、帮助思考、促进学习。这可以免除学生做大量繁杂、重复的运算，从而在探索性、创造性的活动中投入更多的精力，解决更广泛的现实问题。还可以充分利用现代教育技术在形象化表达内容、有效处理复杂的运算等方面的优势，促进学生的学习方式改变，提升学习效果。如运用虚拟现实、增强现实等技术手段让学习资源越来越丰富，运用数字传感器使得实验更快捷，实验结果更精确。智慧课堂和大数据的使用，也让学习越来越精准。学生在融合信息技术的过程中，不但提高了学习效率，也逐渐适应和学习新的信息技术，打破了学习的时间和空间限制，为未来进入社会后的终身学习与发展打下基础。

六、从"接受学习"转向"批判学习"

学习的最终目的是培养人，是为学生今后的学习和发展打下坚实基础。对于人类的科学事业和社会发展来说，学习既要传承，更要出新。一味地全盘接受，学生就会失去自我，变成复读机和工具人，这就偏离了我们育人的初衷。要创新，就要鼓励质疑，培养学生敢于批判的意识和勇气，培养批判的能力。科学的质疑和批判，是需要基于事实证据和科学推理的。比如我们在研究自由落体运动时，首先介绍亚里士多德的个人成就、研究方法和研究结论，然后提出疑问：伟人的观点一定就是对的吗？亚里士多德是一位伟人，他提出"吾爱吾师，吾更爱真理"，在批判其老师柏拉图理论的基础上提出了自己的观点。要否定柏拉图理论需要莫大的勇气，也需要科学的方法和证据。介绍亚里士多德的个人成就和生平，是为了在学生的内心树立起权威的形象，学习像亚里士多德那样勤于观察和思考。介绍亚里士多德的"重物下落快"的结论，是为了引出前置概念，然后引导学生像科学家一样去质疑和批判，并寻找证据，挑战权威，突破自己，进而提出自己的见解。学生提出的观点可能和教材不一样，也可能被认为不正确，但只要有证据有推理就值得表扬。然后可以引导学生阅读伽利略的研究成果，学习运用逻辑推理和实验两种方法来推翻亚里士多德的观点，引导学生比较和总结研究方法，体会科学发展的曲折，培养学生的科学态度、批判精神和批判能力。

没有一成不变的学习方式或普遍适用的学习方法，也没有永远最好的学习方式。学习方式是动态的，随着学习阶段、学习内容和技术手段的变化，总是在守成和变化中不断优化。能让学生充分地实践和交流，让学生通过自主探索、合作交流、积极思考和操作实践真正理解和掌握基本的知识、思想和方法，同时获得丰富的活动经验，使学生成为学习的主人并提高核心素养，且适合学生发展的学习方式，都是好方式。

参考文献

[1] 中华人民共和国教育部．普通高中物理课程标准（2017年版2020修订）[M]．北京：人民

教育出版社 . 2020.

〔2〕郭华 . 带领学生进入历史："两次倒转"教学机制的理论意义〔J〕. 北京大学教育评论，2016，14（2）：8-26＋187-188.

〔3〕郭玉英，姚建欣，张静 . 整合与发展：科学课程中概念体系的建构及其学习进阶〔J〕. 课程·教材·教法，2013，33（2）：44-49.

2. 基于"认知的脑"构建意义课堂

——例谈高中物理课堂思维导图的运用

陈 瑜

摘 要：脑科学研究表明，大脑的学习是一个追寻意义的过程。基于"认知的脑"的教学要符合学生的认知发展规律，思维导图的运用是让学习充满意义的基本策略之一。本文从不同课型、解决不同种类问题、不同角色三个视角进行思维导图教学实践探索。在教学实践中不断丰富脑科学研究的案例和素材，产生有用的研究证据，从而提高教学质量，促进学生高效学习，培养社会需要的创新型人才。

关键词：脑科学；思维导图；意义建构；科学思维

认知是大脑的主要功能之一，大脑在认知的过程中遵循一定的规律。认知过程就是在脑神经元之间不断释放不同浓度、数量的化学物质的过程，树突的增加使神经元之间的联系增加。认知困难的原因在于化学物质的传递没有固定的路线，但是通过在学习过程中采取一定的策略就可以搭建起一条固定的通道，这就是神经的可塑性。建构主义认为，当学生积极参与自我知识建构时，他们对知识理解会更深、更全面，动机更强。思维导图，又称"脑图"，是由世界大脑先生、世界创造力智商最高记录保持者托尼·博赞先生于 20 世纪 70 年代发明创造的。思维导图技术是学生建构属于自己的认知体系的有效方法。

一、思维导图是认知的有效工具

思维导图本身呈现的是一种放射状结构，线条与线条之间存在着特定的逻辑关系，能够把关键信息点之间的联系清晰地表达出来。思维导图与传统笔记最大的区别就在于它更直观，绘制本身就是记录事情全时态的思考过程。思维导图从中心主题展开的树状结构和网状脉络与神经元放射性结构"形似"。思维导图的输出激发功能与我们的思考过程是相辅相成的，与神经的可塑性"神似"。认知是大脑的主要功能之一，大脑的学习是一个追寻意义的过程，参与学习活动在构建意义课堂中赋予了学生思维表达的权利，而思维导图是学习活动中可以使用的强有力的可视化工具。

二、思维导图在教学中的案例

（一）思维是灵魂的自我谈话

1. 不同课型视角下的应用

（1）新课教学案例。

新课教学中，从一个核心知识点出发，创设情境，设置问题，引起学生的认知冲突。师生共同探讨解决问题的途径时，通过思维导图将发散思维得到的内容绘制出来。再根据导图采用聚合思维，最终发现解决问题的方法。以电学实验半偏法测电流表内阻教学为例，在实验室中给学生们准备好种类丰富的实验器材，根据展示的实验目的，以及实验所需的电路图，首次给出的电路图中两个变阻器都用电阻箱的电学符号代替，如图1，用于"混淆视听"，引发学生的认知冲突，接着提出以下问题。

通过记录何种器材的读数结果，可获得电流表的内阻阻值？

两个变阻器的用途相同吗？

如果用途不同，请问它们的用途各是什么？

两个开关同时闭合吗？

学生动手探究操作实验后，分组讨论，由教师引导得出实验步骤，通过设问"测量结果一定准确吗？"引入实验的误差分析，然后得出需满足的实验条件。

脑科学研究表明，建构意义课堂是通过学生活动实现的，脑的认知特点是非线性的，我们将讨论的几方面引申为导图的几个主干，如图1。随着深入讨论，逐渐添加次级分支，讨论结束之时，便是导图完成之时。学生可以通过绘制完成的导图回顾自己的思考流程，思维清晰可见。教学中科学思维的培养不再是抽象的，而是生动具体的、可视化的。运用思维导图可以使学生达到一定的认知高度，学习目标明确，条理清晰。

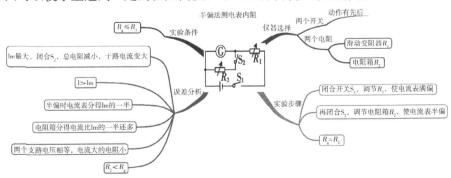

图1 半偏法测电表内阻思维导图

（2）高三复习课教学案例。

刚进入高三的学生所掌握的知识还是零散的，可以借助思维导图进行高三物理复习，找到各知识点之间的关系、知识与方法的对应，就会逐渐形成物理观念，通过解决问题方法的强化进一步提升学生的科学思维。

以万有引力与宇宙航行一章为例，通过物理学史相关的例题使同学们头脑中回忆出相关物理学家的名字和贡献，由此展开对物理学史的介绍。开普勒的贡献在于提出了三个定律，重点强调其中的周期定律，通过构建多个天体围绕同一个中心天体转动的模型，加深对周期定律的理解。接下来，在解决天体运动问题过程中，引导学生概括出两个模型，一是"腾空环绕"模型，列出牛顿第二定律，向心加速度有不同的表达形式，由此可以得出天体不同运动学量的表达式，并且得出"高轨低速周期长"的结论；二是出现"某星球表面"的已知条件时，利用万有引力近似等于重力去解决问题。在推导的过程中由环绕速度又可以联想到三个宇宙速度，在一连串的联想的过程中我们借助了思维导图记录下我们联想的过程。

脑科学研究表明，建构意义课堂可以提升思维能力，达到解决问题的目的。色彩是人脑所产生的一种视觉效应，是赋予思维导图灵魂的关键所在，所以在相关知识点复习过后，重要的是构建天体运动模型，挖掘解决问题的策略，这部分是复习内容的升华，导图中用红色主干延伸。

2. 解决不同种类问题视角下的应用。

（1）知识框架总结案例。

运用思维导图可以把零散的知识点有机地联系在一起，在大脑中形成知识和能力的"交通图"。图2总结了物理必修一第一章的核心素养目标，学生可以根据导图查漏补缺，也可以把它当成复习的"导航"。

（2）复杂题目讲解案例。

思维导图是一种高维度思考的图解思维器。想解决一个问题，就要站在更高的维度上，进行降维"打击"。面对已知条件较多或者较复杂的题目时，如果只是凭空想象，难以发现条件之间的联系，所以在课堂上教师和同学们一起绘制解题思维导图，先列出已知条件，挖掘隐含条件，再判断是何种题型，确定针对性的解题方法，每个分支无法再继续进行时，探寻分支间的联系，建立联系后，题目一般都能解出。在完成思维导图之后，思考的过程便得以呈现，这就是使用思维导图助推解题的过程。

例题：有一条横截面积 $S=1\ \text{mm}^2$ 的铜导线，通过的电流 $I=1\ \text{A}$。已知铜的密度 $\rho=8.9\times10^3\ \text{kg/m}^3$，铜的摩尔质量 $M=6.4\times10^{-2}\ \text{kg/mol}$，阿伏加德罗常数 $N_A=6.02\times10^{23}\ \text{mol}^{-1}$，电子的电量 $e=-1.6\times10^{-19}C$。在这个问题中可以认为导线中每个铜原子贡献一个自由电子。求铜导线中自由电子定向移动的速率。

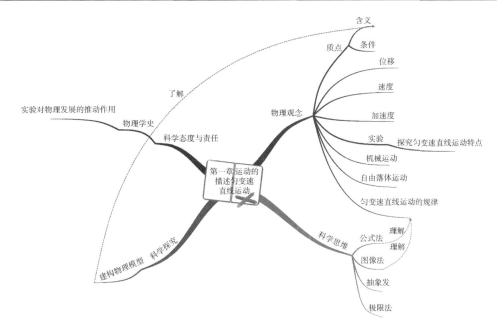

图 2 必修一第一章思维导图

分析：本题考查电流微观表达式的计算，难点在于没有给出题目涉及的情景图，且涉及的物理量较多，部分学生很难理清其中的关系，无法把各个物理量有机的联系起来，认为题目很抽象。

教师通过设置相关问题，把学生们的回答按照逻辑层次安排在思维导图中心词的周围，如同大脑的神经末梢不断拓展，呈现在眼前的就是逐渐清晰的思维网络，便可以快速找到解决问题的切入点及相关物理量的联系。解题思路过程分析，如图 3 所示。

小结：由上例可以看出，解题的关键是构建电子定向移动的环境，即柱状导体模型，通过思维导图的展现，可以清晰地看到物理量间的关系呈现网状结构，物理量间的有机联系一目了然，有助于降低题目的思维难度，达到解决问题的目的。

（二）巧用思维导图助力学生构建自己的学习意义

学生刚开始接触思维导图时，绘制的导图还有传统线性笔记的影子，只是换了外表。在独立绘制导图的过程中，学生们逐渐领悟了思维导图的"精髓"所在，也渐渐适应了这种类似于大脑神经元传递信息的发散思维方式，而后又促进了自身的发散思维、创新思维，提升问题解决能力。

高三的学生可以独立运用思维导图，进行月考试题卷的改错和反思，摒弃了厚厚的改错本，只需一张纸就可以囊括数次考试的重要考点和自我反思，加强一页掌控的能力。

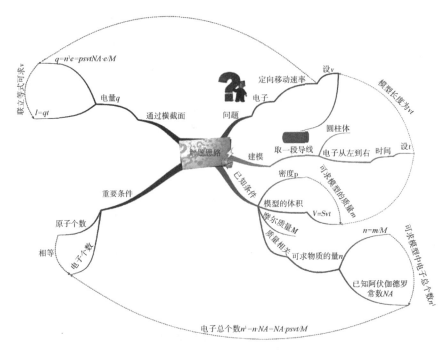

图3　解决问题思考过程思维导图

三、基于"认知的脑"运用思维导图构建意义课堂的教学启示

（一）思维导图是发挥大脑认知功能的可视化工具

脑的认知功能，在脑神经元传递信息的独特方式基础上发挥作用。在课堂教学中，从一个核心知识点出发，创设情境，设置问题，引起学生的认知冲突，以学习活动为中心，构建意义课堂。在师生共同探讨解决问题过程中，通过思维导图将发散思维得到的内容绘制出来。再根据导图采用聚合思维，最终发现解决问题的方法。在课堂教学中使用思维导图，要注重构图过程，而非构图结果，同时利用思维导图的笔记输出（note making）功能，以达到培养学生创新思维和问题解决能力的目的。

（二）思维导图中弥足珍贵的"连接虚线"

思维导图帮助大脑挖掘事物的深刻内涵。通过学习活动开展有意义的学习，启发学生组织运用大脑内的想法和灵感，用于问题的分析与解决。学生绘制的思维导图从简单的只有几大分支，到分支之间有了错综复杂的"连接虚线"，导图形成了网状结构，说明大脑的思考不再浮于表面，而是找到了知识网络、脉络体系和事物之间隐藏的联系，也就意味着大脑把问题想通了。借助思维导图可以将我们的思考过程直观地呈现出来，也可以反观我们的思考过程，又可以指导我们再次遇到类似问题应如何思考，以实践促进实践。学生利用思维导图可以进行更高效的学习，能够处理更加复杂的问题。这正是我们的终极目标：培养学生的问题解决能力，以开阔视野迎接未来挑战。

教师使用思维导图进行教学，为脑科学的教育研究提供了实践证据。课堂中引入思维导图，对教师的专业素养和信息技术能力提出了更高的要求。思维导图使课堂增加了挑战，增添了色彩。融入思维导图的教学过程与学生大脑发展规律具有自恰性，学生可以在更加轻松的课堂环境中处理更加复杂的问题。

参考文献

［1］SOUSA DA. 心智、脑与教育：教育神经科学对课堂教学的启示［M］. 周加仙，等译. 上海：华东师范大学出版社，2012.

［2］李金钊. 基于脑的课堂教学：框架设计与实践应用［M］. 上海：华东师范大学出版社，2013.

［3］刘艳. 你一学就会的思维导图［M］. 北京：文化发展出版社，2017.

（此文荣获 2021 年度海南省基础教育创新研究与实践论文评选一等奖）

3. 以"三师、两融"探索高中学校美育的新视域

刘晓楠

摘 要："美育"是学校教育中重要组成部分，我国学校"美育"是为建设社会主义精神文明和培养学生心灵美、行为美服务的。本文以高中学校美育融入"地域文化、红色文化"为育人载体，以"三师联动"为培养方式，探索高中学校美育创新模式的实践路径。

关键词：三师；两融；高中美育；实践路径

近年来，随着国家关于美育工作政策文件陆续出台，一方面，明确阐述了"学校美育"的意义价值及为美育课程设置提出了更高要求；另一方面，指明了"持续深化的课程改革"与中小学美育教育、教师发展、教学工作有着密切关系。实现学校美育实效、特色开展，落实立德树人根本任务，是现代学校教育和美育教师研究的重要课题。笔者以本校美育教育开展实践经验，探索基于"三师两融"高中学校美育教育的新视域。

一、"三师、两融"的内涵界定

（一）"三师"的内涵

"三师"是指高中教师、高校教师、社会实践导师（黎族音乐传承人、文化艺术馆馆长、优秀共产党员等）。高中音乐教师担当教书育人重任，是高中美育课程的"常规执教者"；高校音乐教师致力于教学与科研工作，是音乐文化及美育教学的"常规研究者"；社会实践导师以往多活跃于舞台或社会活动，作为"三师"之一具有一定的新意指向，可化身为高中美育教育中崭新的教师角色，成为"特色教师"。

（二）"两融"的内涵

"两融"是指将"地域文化""红色文化"全方位融入学校美育教育各环节，构建特色课程和教材体系。"地域文化"和"红色文化"作为中国优秀传统文化的重要组成部

分，皆具有文化性、民族性、思想性、传承性的本质属性及价值导向。学校美育应以课程开发、教材编撰、活动开展、成果推广等方面，弥补相关内容于美育课程及教材中的缺失和不足。

二、以"三师联动"构建高中学校美育教研共同体新路径

鉴于高中学校艺术教师师资缺乏的弊端，笔者项目团队创新性提出"三师联动"概念。

其分工——"三师"的角色以各自专长与学校美育教育有益链接，高校教师通过理论构建指导担任课程的开发者；社会实践导师是知识本源的活态传承者，高中音乐教师则是美育课程核心执教者和评价者。

其优势——"三师"专长互补、是共建课程的绝佳组合。社会实践导师经验之长可促进教师增长本体性知识；高校教师理论研究之长可提升社会实践导师认知水准、可增强高中教师授课内容深度；高中教师经验之长在于开发构建特色美育课程的践行基础。

其载体——"三师"联合进行课程开发、教材编写、教学研究、成果推广，形成有机合力，结合理论知识、教学实践、社会实践三领域，将对学生的培养形成多维链接。

"三师联动"理念提出，打破学校师资局限的壁垒，拓展教学教研的广度与深度，探索成功构建具有创新意义的美育教育新路径。

三、将"地域文化、红色文化"融入学校美育的重要意义

2017年1月，中共中央办公厅、国务院办公厅印发了《关于实施中华优秀传统文化传承发展工程的意见》中指出，围绕立德树人根本任务，把中华优秀传统文化全方位融入教育各环节，以中小学教材为重点，构建传统文化课程和教材体系。

一方面，传承发展地域音乐文化是美育教师热切关注的课题。独具特色的地域文化，以其别具一格的多元特质，彰显地域民族风貌和淳朴劳动人民勤劳睿智、气度风韵等人文特征，并在全民族和谐发展进程中，发挥着提升人文素养、塑造品格的育人功能，它是国民提升文化认同、文化自信，一脉相承的精神文化产物。将本地区民族音乐吸收到课程中，能够使学生接受乡土音乐文化熏陶，树立传承民族优秀音乐文化的意识。

另一方面，凝练着中国共产党百年艰苦奋斗伟大实践历程的红色文化，是革命先辈留下的不朽的精神财富，是当代人传承和弘扬伟大建党精神的珍贵资源和生动教材。红色文化凝结着党的光荣使命、宏大理想和坚定信念。在国家大力推进中国优秀传统文化

走进高中教育的背景下，在习近平总书记"用新时代中国特色社会主义思想铸魂育人"的引领下，教师有责任有义务将国家最宝贵的文化内涵、精神内核、艺术经典、民族特色，引进课堂、植入学生心灵，以"乡音乡情"沁润校园、使"红色基因"深入人心。在"教"与"学"中践行文化传承，在"言"与"行"中坚定理想信念。因此"地域文化、红色文化"融入学校美育具有划时代的意义。

四、以"三师、两融"为美育载体的文化传承、培根铸魂

近年教育部主导的"双新"教育改革，以及高中和义务教育阶段课程标准的修订，都是国家不断深化的、系统化的改革举措，其内容并不狭义指向"新课程、新教材"，还包括新课程方案、新课程标准、新教学方式、新评价和新高考（中考）等几个方面。美育的创新改革当然也包含其中。"三师、两融"的指向是：在先进教育理念引领下与"三师"协作指导下的学校美育，融入"地域文化"和"红色文化"；构建完善美育塑人、文化化人的育人体系。

（一）将"地域文化"课程化，在素养提升中践行传承

海南是蕴含丰富艺术文化资源的宝藏，黎族音乐、疍家渔歌、海南琼剧、海南八音等，已经列入国家级非物质文化遗产的就有八项，其中，最具代表性的就是黎族音乐文化。随着社会快速发展，黎族音乐面临失传窘境。在国家大力推进中华优秀传统文化走进高中教育的背景下，"三师联动"教研共同体通过对采风考察、资源整合、联合教研、教学实验、编写教材等方面进行探索，构建高中地域音乐文化校本课程体系，开创地域音乐文化走进高中教育的新格局。运用"三师联动"实现第一课堂、第二课堂有效链接，提高审美认知；"专家讲堂"特色开展拓展文化视野；校园活动科学策划增进艺术体验。以逐步提升学生核心素养为导向，以校本课程多样化教学模式为特色依据，将地域音乐文化"课程化"，使学生深刻感知、体悟少数民族的人文内蕴，并结合时代要求进行继承与创新，实现育人铸魂的课程功能。

地域音乐文化"课程化"的标志是："三师"联合编撰校本教材《黎歌乐海》的资源开发与应用，将"黎族音乐文化校本课程"定位为"地域性校本课程"必修课，与国家课程互为补充，在高一、高二年级隔周授课。教材分别以海南黎族民歌的表演形式及属性进行分类，设定七个单元：劳动歌谣、创作后的流行歌曲、竹木乐器、时政歌谣、新编钢琴作品、海南黎族合唱、新创作的大型交响乐作品。通过教材索引的音乐鉴赏、歌曲教学、文化链接、作曲家简介、作品分析等，以作品为线索，以文化为根基，加深对海南黎族音乐的挖掘、认知、传承、弘扬，探究海南黎族音乐的根源、脉络、发展与传承，让学生们感受到黎族文化的精神内核和文化内涵。为了深化教学成果，学校利用

周四下午四点半的"专家大讲堂",邀请黎族音乐传承人、高校教师为学生们带来精彩生动的讲座,以传承人的现场演绎让学生感叹"原生态"的魅力;培养学生的音乐审美情趣和探究音乐的兴趣,推动了黎族音乐文化高中普及化的教育传承。

(二)将"红色文化"艺术化,实践创造中塑造品格

"红色文化"是由中国共产党人、先进分子和人民群众共同创造并极具中国特色的先进文化,彰显着民族精神和历史文化内涵。它既是力量源泉、崇高信仰,更是宝贵资源。它记录了建党百年来的光辉奋斗历程,凝练了众多英雄榜样不朽的感人事迹和精神力量。在学校美育中,应当不断结合新时代使命任务、学校办学特色,将这些宝贵的精神财富通过"别样教化"方式,传递给学生,发扬光大、培根铸魂。据调研,学生所能接触到红色文化的途径非常有限,如:通过游览红色遗迹、纪念馆认识红色文化;通过共青团活动学习党史事迹;通过影音作品了解革命历史故事;通过书本学习党史和英雄事迹;等等。这些"红色文化"触角、途径是必要且传统的,弊端在于,只停留在"纸面输送"没机会上升到"内化输出"。

笔者所在的学校,将"红色文化"艺术化,结合"三师"的指导,实现学生通过参与实践、行动创造、艺术表现,将所学、所感、所悟以艺术的形式展现出来,成为更有力、更生动、更接地气的"教材"在校园中良性循环。

1. "红色文化主题活动"引领时代教育步伐

"文化活动"是校园文化建设的重要途径,多数学校都会举办主题多样、形式丰富的活动,但调研中发现广泛存在问题,出现"有主题没主导""主题频换无延续性""主题缺乏思想性""有活动无实效"等现象,其原因是缺乏活动宏观规划、缺少教师思想性引导、艺术性指导与节目质检。学生常忽略主题意义自主策划、个性展示,导致即使是以"青春心向党"为主题,节目中却大量充斥所谓青春代言的"韩风日潮""短裙黑丝"。再例如,活动中的项目主题没有延续性、递进性,每年随心所欲地跟风更换,很难形成校园文化的传统特色与正能量思想精神的传递。如果能抓住学生最热衷且广泛参与的校园活动契机,加强策划和艺术指导,那么,校园活动对学生的影响将是不可估量的。

笔者学校举办的"校园文化艺术节"和"庆元旦文艺会演"是每年两次独具特色的大型活动,包含合唱、戏剧、舞蹈表演、诗歌朗诵、十大歌手、社团及艺术特长生展演等多个传统项目。学校将其中一次专场项目,专门策划为"红色主题"系列,形成每年延续的传统惯例,具有美育指向的承接性,也成为校园文化特色。由学校艺术教师邀请校外实践导师联合进行艺术指导,和学生一起选定素材,确定表演形式,进行创作和排练,最终以"作品"的形式展现舞台,再由"三师"联合进行评审指导,将学生表演提升到艺术高度。在这个过程中,"三师"是参与策划者、指导者,学生是创作者、展示者。以"红色文化"为素材源泉，在学习研讨、排练演出的艺术实践过程中达到审美品质、思维品质、素养品质的提升。如：2021年"红色经典沁润校园"红色主题晚会，以历史脉络分为三个篇章，展现了不同时期党的使命和初心，涌现出舞蹈《映山红》、合唱《迎风飘扬的旗》、群舞《红色交响》、歌剧片段《沂蒙山、我的亲爹娘》等学生在教师指导下完成精彩演绎的优秀作品，在这个过程中突出"三师"的作用，学生在创作演绎过程中，了解要表现的作品时代背景、揣摩英雄人物的内心境界、重温激荡人心的历史画面，这都需要学生亲身体验、感受和表达，让"红色经典"活起来、激荡校园、振奋人心，有效将这些优秀的品质内化为自我的力量源泉，最终实现素养的提升。

2. "红色经典进校园"拓展师生文化视野。

在现代学校教育中，创造条件、有效利用校外资源，丰富、拓展和补充校本教育资源的不足，是非常有必要的。在"红色文化"沁润校园活动开展过程中，"三师联动"起到关键作用。基于以往"高雅艺术进校园"的成功经验，尝试发扬"红色经典进校园"活动，通过多元艺术表演形式，或歌或舞、或诵或奏，一段段振奋人心的革命历史故事，伴随歌声、乐声和舞姿，走进学生内心，让一个个英雄人物"活起来"。可以邀请高校师生团队或民间艺术团进校园，通过专业的演绎，在艺术的熏陶下，带领学生们走进历史经典、与作品产生共鸣。可充分挖掘地域文化中的红色基因元素，如：海南师范大学艺术系的"艺术专场"中《红色娘子军》组曲，《我爱五指山、我爱万泉河》，《北京喜讯到边寨》，海南大学师生音乐会中的《南海意象》，让地域文化和红色文化再结合，让本土学生接受到最接地气的熏陶和教化。

综上，学校美育的实效特色开展，与学校教育教学理念、教学观、课程观的转变是密不可分的，探索由校本"一课一师"向校内外多元教研共同体拓展，融合优质教育资源，丰富学校美育课程、校本教材及文化活动，使之更好地服务于海南学校美育，更有效地保存与弘扬中华优秀传统文化，更具体地落实习近平总书记思想精神，传承红色基因、坚定社会主义理想信念，全方位提升学生核心素养，实现真正意义上的资源整合与共享，让学校美育资源化、特色化、实效化蓬勃发展，是当下"新形势"下美育教师的责任与使命。

参考文献

[1] 中华人民共和国中央人民政府. 中共中央办公厅 国务院办公厅印发《关于实施中华优秀传统文化传承发展工程的意见》[EB/OL]. (2017—1—25). http：//www. gov. cn/zhengce/2017—01/25/content_5163472. htm.

[2] 张睿. 论人文地理学语境中的黎族"仪式化"民歌 [J]. 文艺争鸣. 2020 (9)：205—208.

[3] 刘晓楠. "双新"视域下高中地域文化乡土音乐课的重建 [J]. 新教育，2022 (1)：21—22.

［4］曹志祥．日本鼓励对儿童进行民族古代音乐教育［J］．广西教育，1994（11）：42.

［5］李豪．山西民歌走进中小学音乐课堂的价值及实践研究［D］天水：天水师范学院，2019.

（此文荣获海南省教育教学论文评比一等奖）

4. 古文课堂教学中的"热闹"与"冷场"

梁　琦

　　摘　要：古文的学习是学生们非常头疼的内容，由于这些作品年代久远，字词难懂，高考考点繁杂，使得学生经常谈文言文而"色变"。大部分学生不喜欢上古文课，或者是不由自主地在古文课堂上"开小差"。要改变这个现状，老师要改变课堂的教学模式和流程，充分地调动学生的积极性和主动性，使课堂的氛围变得"热闹"起来。但值得注意的是，我们追求的不是课堂形式表面的花哨、喧嚣，而是让学生的兴趣和思维活跃起来，学习氛围高涨起来，也敢于让课堂出现"冷场"，引导学生们潜心阅读，深入品味古文经典，丰富学生的情感体验，使课堂动静相生。

　　关键词：古文课堂教学；热闹；冷场

　　古代的文言文是我们民族传统文化源远流长的重要体现，它弘扬了我国的悠久的历史，彰显了华夏璀璨的文明，承载了几千年来文人博大精深的智慧和哲学。新课标高中语文课本中所选取的文言文篇目都是文学史中的精华，作为文化的传递人，我们有义务也有必要让古文的课堂熠熠生辉。

　　如何能让古文的思想精髓与深受信息网络时代影响的新一代的青少年的审美意趣发生碰撞，使他们领略最精深的传统文化，激发他们的求知热情，提高学生的阅读水平，以及丰富学生的情感体验，是当前摆在语文老师面前的一道难题。因此，我认为，在高中文言文的教学中要想解决这样的困境，可以有以下尝试：

一、让传统的文言文课堂"热闹"起来

　　长期以来，文言文教学由于教学方法老套，课堂进度较慢，常常是耗时大，效果差。老师台上讲得口干舌燥，学生台下云里雾里，昏昏欲睡。造成这种局面的原因，归结起来主要是高考中的文言考点很多，学生们需要非常坚实的文言基础，使得老师们在

教的时候，侧重文言字词句的理解、记诵、翻译以及文言特殊句式等文言知识掌握上。当然，文言文的教学肯定要踏踏实实，一步一个脚印。但是，完全这样上课，肯定限制了学生的思维、漠视了学生的情感体验，学生不能真正的参与进来，只剩下死记硬背，自然也没有兴趣，课堂效果当然不佳，学生表现沉闷。所以，要改变这样的局面，首先要在我们老师的教法上"动手术"，改变单一守旧的教学模式，优化教学过程，让文言文教学也能"老树生新芽"。

（一）教师富有激情的教学激发学生的学习兴趣

要想学生在文言文课堂上精神焕发，我们老师一定要带着激情进入课堂。试想，一位语文老师都不能对自己所教的内容产生兴趣，他的学生也不会真心地热爱语文，热爱我们的经典文化。因此，教师的讲课的状态直接影响学生的整体学习氛围。想调动学生的热情，就要注重语文学习的基础——诵读。文言文教学肯定不能离开诵读，所谓"书读百遍，其义自见"正是这个道理。相信诵读在我们的课堂上非常普遍，关键的是，要如何读，才能让学生感兴趣，让他们也融入其中。我认为，教师的范读至关重要。老师富有激情和感染力的诵读一定会让学生快速的进入作品所创设的情境中，学生们会走进作品，体会作者传达的或悲或喜，或忧或愤的情感。我至今还清晰记得多年前，我的古代文学老师孟庆麟老师讲授李白的《蜀道难》时的情景。他那洪亮高亢的嗓音，那抑扬顿挫、时而紧张时而舒缓的语调，还有那张弛有度的情感释放，令人难以忘怀。他有时低吟，有时高歌，眼前好像不再是满头银发的孟老师，而像是下凡的李白，我们似乎变成了走在蜀道的上游人。再配以孟老师潇洒遒劲的板书，课堂上的我们完全被震撼了，同学们一下子喜欢上了这首诗。虽然那时还不能完全懂得它的意思，但是特别有兴趣去研究李白更多的作品，似乎也明白了什么叫盛唐，理解了余光中所说的李白"绣口一吐，就半个盛唐"。大家竞相模仿老师的朗读，模仿老师的板书，甚至在课下比着劲儿背诵更多的古文经典。

这就是教师的魅力，也是诵读的魅力。老师们只有真正地热爱文学，才能在课堂上充满激情，老师们熟悉历史，读懂古人，才能以情激情。试想，不懂曹操，怎能理解"东临碣石，以观沧海"的壮怀激越？不懂苏轼，怎能领悟"大江东去，浪淘尽，千古风流人物"的豪放？不懂辛弃疾，怎能理解"栏杆拍遍，无人会，登临意"的无奈与激愤？教师的激情有助于学生产生浓郁的兴趣，在此基础上学生必会获得美的享受，受到感染和熏陶，能跟作者有相似情感体验，跟作者同喜同悲，从而使自己精神得到塑造和升华。这样学生就会愿意上古文课，甚至是期待上古文课。

（二）学生变被动学习为主动出击

苏霍姆林斯基说："如果你所追求的只是那种表面的、显而易见的刺激，以引起学生对学习和上课的兴趣，那你就永远不能培养起学生对脑力劳动的真正热爱。"作为老师，我们应当努力使学生去发现兴趣的源泉，让他们在学习的过程中体验到自己的劳动和成就，这件事本身就是兴趣的最重要的源泉之一。所以，培养学生的动手参与课堂能力，才是培养学习兴趣的关键。让学生从原来的被动学习，甚至是被迫学习，转变为主动动脑思考，主动伸手体验。当代的学生有着以往学生都不具备的优厚条件，他们熟悉现代科技，能娴熟地运用网络，可以从很多渠道获取既全面又丰富的知识。有这么多便利的资源，老师在课前就可以给学生布置预习的作业，让学生们可以查阅书籍或浏览网页来完成预习。例如：在讲《苏武传》这篇较长的文言文时，我布置了"我眼中的苏武"这个预习作业。学生们可以自己熟读教材，结合注释了解苏武，或查阅一些背景资料完成作业。总之，可以动用身边的一切资源去准备。第二天上课时，同学们带着整理好的资料，在课堂上展示。这样的作业既锻炼了学生们主动搜集相关知识的本领，也锻炼了归纳整理零散知识的能力。正式上课时，我让同学们将准备好的作业用投影仪展示，并由学生自己讲解他们写的内容。学生们有了展现自己的机会，都十分的踊跃。有的同学说："苏武是中国历史上最有民族气节的使臣，他不辱使命，坚守节操，最终回到祖国，苏武的精神与日月同辉。"我追问道："课本中有哪些具体事件能体现苏武的这些品质呢？哪些词句是对他不屈精神的表现，又是用什么手法表现的呢？"由于手头都有准备，学生们的回答基本都能有理有据。由此，学生学会了从文本中走出去，再从外面走回文本中来。学生参与度高的课堂，不仅课堂气氛活跃，而且学生对知识点记忆深刻。学生有了真正的劳动体验，才会热爱古文的学习，才能变被动学习为主动出击。

（三）拉近古文和学生的距离

学生们不愿意学习古文有个重要的原因就是觉得古代语言和生活离现在太遥远，没有亲近感和现实的指导意义，不能学以致用。其实，这是学生们认识问题不够深入，思想有误区导致的。若能拉近古文和学生的距离，把古文和现今生活联系起来，学生自然愿意学习。例如学习《烛之武退秦师》时可以把古人的语言技巧和当今社会发展对于人才口头交际能力的需要联系起来。体会古人的语言智慧和论辩技巧，对现代社会的我们也有很多帮助。再比如学习《项脊轩志》时，归有光围绕着一个狭窄昏暗却很静谧安闲的小书斋，回忆了他生命中的几位至亲，通过写生活中的琐事，寄托了作者无限的哀思。深切、细腻的情感让读者动容。人类的情感都是共通的，没有时间和地域的界限，学生们也会有跟作者类似的经历和情感体验。只要通过老师的点拨和调动，学生完全可以融入作品，同样也会收获更丰富的情感共鸣。

老师改变课堂的教学模式和流程，充分地调动学生的积极性和主动性，会使课堂的氛围变得"热闹"起来，但值得注意的是，我们追求的不是课堂形式表面的花哨、喧嚣，而是让学生的兴趣和思维活跃起来，学习氛围高涨起来，让他们能发现传统文化的魅力，能让我们的文学经典得以传承和发扬。

二、敢于让课堂出现"冷场"

是不是所有的古文课堂都应该是老师激情澎湃，学生情绪高涨，课堂氛围热热闹闹呢？当然不是。所有的教学设计和教学形式的开展都是根据文本内容和学情来定的。一节课，就像是一首歌，有高音，有低音才能演奏出优美的乐曲。课堂上的"冷场"犹如一首歌的低音，必不可少。我们追求的语文课堂应该是动静相生，要敢于让课堂出现"冷场"。

（一）符合文言文教学的认知规律

美国教育心理学家布鲁纳的认知结构教学理论认为，任何新知识的习得都必须与原有的知识建立一定的联系。教师提出一个新问题，学生不能凭空回答。他们会积极调动大脑中储藏的知识。这个过程需要思考时间。文言文的学习更需要学生们思考的时间和存储的时间。繁多的文言字词和文言句式更需要消化的时间。而且文言基础知识的落实决不能放松，它既关乎学生古文水平的提高，也关乎学生高考中的得分。缺少思考和消化的课堂时间是违背学生学习知识的规律的。这些都需要课堂静下来，冷下来。

（二）潜心默读、静思默想比发言更重要

古代文言文的韵味和精华是需要深入文本，品鉴体悟的。老师不仅要让学生感性地诵读，更要留空间给学生深阅读，让他们在宁静中涵泳品味，潜心思考。"新课标"明确指出，各个学段的阅读教学都要重视朗读和默读，加强对阅读方法的指导，让学生逐步学会精读、略读和浏览。教师要注意创设宁静的氛围，让学生与文本进行深层次的对话。只有学生在与文本对话中产生新的发现，才能在课堂的交流中产生新的感悟。古文阅读当中关注对字、词、句的品味，仔细解析它们在不同的语境中的意义、范围、色彩、情味等方面的细微差别，让学生比较、推敲、感悟课文的语言，对培养学生养成锤炼语言的良好习惯，增强教学境界的艺术美，还原课堂教学的"语文味"极为有利。如《鸿门宴》中项羽的语言描写虽不多，但项羽威武、自大、优柔寡断的形象跃然纸上。从精湛的语言描写中品味复杂的人物性格，这就需要对文本仔细研读。日本著名教育家佐藤学说："我们应当追求的不是发言热闹的教室，而是用心地相互倾听的教室。只有在用心地相互倾听的教室里，才能通过发言让各种思考和情感相互交流，否则交流是不可能发生的。"相互倾听内心，需要学生沉下心来，静思默想。对于文本，学生的感受和体验是相当复杂的。当这些感受、体验融化成语言表述出来时，只不过是冰山一角罢了。真正优秀的教师不是听学生发言的内容，而是听其发言中所包含着的心情和想法，与他们心心相印，从而产生共感共鸣，唤起学生的情感体验。所以，在文言文的课堂上，我们需要的并不只是老师和学生之间的"你问我答"。心灵的感悟和收获，比"争

先恐后"的发言更有实际意义。所有的"热闹"背后，都应该是更实在更有效的"冷场"。有时课堂上肃静，正是课堂高潮前的准备，也许课堂中不可预期的"冷场"，就在这潜心阅读，静思默想之后到来。这是一种不能逾越的美丽，一次意想不到的邂逅。

综上所述，想让学生在古文的学习中不再恐惧，不再抵触，既能提高文学素养，又能在高考中取得更满意的成绩，需要老师长期坚持立足于教材，深入挖掘教材，用教师的激情点燃学生的热情，用老师独特的魅力感染学生，采用合理的教学策略和教学方法，使教学生动起来，思维活跃起来，阅读深入下去，审美能力逐步提高，才能真正做到使学生从厌学到乐学。

参考文献

［1］陆建生，徐丽利．语文课堂应追求什么［J］．中学语文教学参考，2011（9）：8—10.

［2］王彦．语文课堂教学"冷场"的必要性探究［J］．中学语文教学参考，2012（8）：31—32.

（此文荣获第七届全国高中语文教师教学基本功展评活动论文二等奖）

5. 基于深度学习的高中历史课堂构建

——以"古代战争与地域文化的演变"为例

伍英莹

摘　要：在"核心素养时代"的学习更加强调从深度学习中获得更深层次的理解，而深度学习的真实发生是在单元视角、任务框架、问题情境、评价体系的基础上实现的，深度学习的最终目的是实现核心素养的落地。

关键词：深度学习；核心概念；任务框架；问题情境；评价体系

在当今基础教育改革的浪潮中，我们的课程改革进入"核心素养时代"。同时，在智能时代的环境下，类似 ChatGPT 的生成式 AI 软件大规模应用，虚拟技术在不断发展，似乎有了网络信息就有了一切。如何在改革的时代背景下应对挑战，在课堂中引导学生，实现素养落地，打造深度学习的课堂成为路径之一。"深度学习的结果是对重要思想和过程的持久理解，而且学习者必须自己获得理解。"在深度学习的课堂中，学生对知识的获得方式不仅仅是表面的记忆，而是更深层次地理解，从理解中实现持久地学习和思维的养成，最终获得素养，想要从现象到素养，中间就要发生深度学习。在此，笔者以高中历史选择性必修 3 的"古代战争与地域文化的演变"一课为例，进行基于深度学习视角下的课堂构建。

一、立足单元视角，解读核心概念

在信息智能的时代洪流中我们接触的信息和知识越来越多，在新课程教育改革的背景下新教材的容量也在不断变大，这似乎是一股不可逆转的趋势。在历史课堂的深度学习中，大单元教学成为一个非常重要的载体。选择性必修 3《文化交流与传播》，第三、四、五单元是文化交流与互鉴的途径，第五单元通过战争这种独特的文化交流传播方式，按照古代战争、近代战争和现代战争三个不同历史时期的先后顺序，展现世界历史上重要战争和文化交流传播的过程。

示例如下:

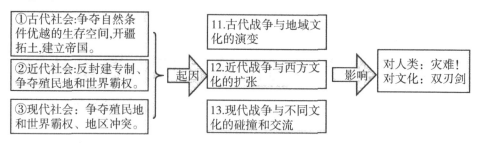

图1 统编版选择性必修3"战争与文化交锋"单元结构示意图

在这个学习单元的框架和课程标准的引领下,突出体现了战争与文化交锋这一核心概念。本课属于本单元的第一课,首先课题中蕴含了核心概念,即"古代战争"与"地域文化"之间的关系。本课在知识结构上以古代战争中的亚历山大远征和蒙古西征为例,介绍了亚历山大远征对西亚、北非地区的文化造成巨大碰撞与破坏,但也正是在这样的交流和碰撞中,希腊文化与西亚、北非等地的文化相互影响,生成了一种融合性的新文化——希腊化时代的文化,而蒙古的三次西征,给被征服地区的社会经济带来严重破坏,但也客观上推动了东西方文化的交流。蒙古人改变了欧亚政治版图,开辟了亚欧间的直接交流通道,便利了中国和西亚、东欧甚至西欧地区的接触。这次文明交流对此后欧洲的社会发展,比如文艺复兴、宗教改革,甚至是资本主义战胜封建势力,都有着极其深远的影响。

同时本课课标要求"通过了解历史上著名的古代战争,理解战争对人类文化的破坏,以及造成的文化断裂;认识战争在客观上又为不同文化的碰撞提供了契机"。这就暗藏着文明与战争的辩证关系,战争既能毁灭文明,又能孕育文明;既受文明发展的影响,又深刻地影响着文明的发展。战争带来大规模的人员流动为文明交往提供契机,这种文明交往通常拥有某种重塑意味,即对被征服地区原有文明的破坏和重塑,例如希腊化文明是一种融合了希腊和东方因素在内的新文明,正是这种希腊与东方因素的融合,使希腊文明也能从东方文明那里汲取到丰富的养料,因此西亚、北非的文化仍在希腊化世界保持长期影响。

因此,在教学设计中,应以核心概念为引领,采取逆向设计,抓住战争与文明的辩证关系,了解战争具有破坏与重塑文明的双重特征。

二、搭建任务框架,培养历史思维

为了让学生在本课中深化对古代战争与地域文化这一核心概念的理解,教师基于本课的知识结构以及学生的认知层次搭建了一个任务框架，这些任务设计旨在培养学生的历史思维能力，如资料搜集与整理、分析和推理、比较与总结等方面的思维。通过这些任务，学生可以逐步深入了解历史事件和过程，并培养批判性思维与独立研究问题的能力，从整体上将课程的知识结构转向任务结构，凸显学生在课堂中的主体地位。

表1　统编版选择性必修3"古代战争与地域文化的演变"任务框架细目表

认知层次	任务设计	核心素养、目标和设计意图
知道	【自主梳理】根据教材结合表格，梳理亚历山大东征的基本情况	核心素养目标：1.了解古代史上重大战争对人类文化的破坏，以及战争带来的不同文化的交锋，认识战争在客观上为不同文化的碰撞、交流与重构提供了契机。
清晰	【学习探究】分别提取材料1、2、3、4、5以及图1、2中的历史信息，并据此说明与其相对应的"希腊化时代"的鲜明特点	2.利用历史地图、历史文献等资料，了解两次战争所波及区域，了解亚历山大远征和蒙古西征导致的地域文化的演变。 设计意图：1.让学生在时空上对东征有个基本认知，了解亚历山大在东征过程中的统治方式。
运用	【自主建构】结合教材绘制表格，梳理蒙古西征的基本情况	2.由于"希腊化"这一概念课本上的讲授线索不是很清晰，加上"希腊化"文化本身离学生生活遥远，属于全新的知识，所以我选取亚历山大这个"希腊化"典型的代表城市，并利用丰富的史料，来探究"希腊化时代"的特点，通过学生合作探究的形式，以学生为主体，强化学生的教材梳理和史料阅读、历史解释能力。
分析	【合作探究】根据教材 P65 学习拓展结合所学分析蒙古西征对不同地域文化产生了哪些影响	3.通过提供工具引导、合作探究等方式引导学生认识了解亚历山大东征带来的希腊化时代。接下来让学生对蒙古西征的基本概况进行构建，对知识进行迁移
评价	【思维提升】结合所学知识对材料中的观点进行简要阐释	核心素养目标：基于唯物史观辩证看待战争对文化的影响，认识古代战争对推动东西方文化交流的重要历史影响。 设计意图：通过对比战争前后某地域的文化变化，认识战
创造	【拓展延伸】你还了解哪些对地域文化带来影响的古代战争	争造成的经济、社会乃至文化的断裂与破坏，同时又在客观上为不同文化的交流、碰撞、交锋提供契机，从而促进人类文化的交融、变化与发展，培养历史解释能力，提升辩证看待历史问题的能力。全面、客观地反思战争的危害，"形成以文明交流超越文明隔阂，以文明互鉴超越文明冲突，以文明共存超越文明优越的正确文明观"

在任务框架的构建过程中，首先，结合学情，从教材内容来看，可知学生在初中时已经初步学习了蒙元时期、亚历山大帝国建立的相关历史事件。但学生对"希腊化时代"的认识还存在一定的困惑。《中外历史纲要》也对元朝统一、亚历山大东征等史实

进行了较为详尽的描述。参考布鲁姆的认知分类制定出不同层级的任务，从低阶向高阶过渡。其次，任务设计要达成的效果是深度学习，所以在设计过程紧扣素养目标。

三、创设问题情境，提升思维认知

高中历史课堂教学中，设置历史情境是一种常用的教学方法。历史情境能够让学生身临其境地感受历史，增强学生对历史事件、人物、文化等方面的理解和认识，激发学生的学习兴趣。同时，历史情境的课堂教学也可以培养学生的历史思维和历史素养，提高学生综合素质。在本课核心概念的引导下，在历史情境的构建上选择了亚历山大城作为突破口，从四个视角看亚历山大城。

表2 亚历山大城问题情境设置表

视角	材料	问题
城市风貌	材料1：亚历山大城包含了以下民族：希腊人、马其顿人、埃及人、犹太人、阿拉伯人、巴比伦人、亚述人、米底人、波斯人、罗马人、迦太基人等。 ——［美］凯文·瑞里《西方与世界》 图1：古代亚历山大城地图	【问题1】材料蕴含什么历史信息，据此可以得出什么结论？
政治风貌	材料2：公元前218年5月5日，一个希腊人与一个埃及妇女发生冲突。后者把尿倒在希腊人身上，而且拒绝道歉。这个希腊人写信给托勒密埃及的国王控告说： 国王啊，我请求你，如果你同意，就请不要坐视一个埃及女人这样无理地侮辱我，我是一个希腊人，一个外地人。 ——摘译自《恩泰克塞伊斯莎草纸文献》英文版 图2：头戴传统法老王冠的托勒密埃及的统治者	【问题2】材料2中的希腊人为何强调自己的身份，图2又体现了什么现象？
文化风貌	材料3：向学生简单介绍缪斯宫 缪斯宫，就是缪斯女神的居所，它是整个希腊化世界最著名的建筑之一。缪斯女神是一系列掌管艺术与科学的神，包括诗歌与舞蹈，也包括几何学和天文学。但亚历山大城的缪斯宫其实是一座大型研究院，在王室的资助下，供奉了许多学者	【问题3】如果回到希腊化时代，你会在这座博物馆里看到哪些展品？
时代冲突	材料4：托勒密埃及经常让士兵借用埃及人的房屋。埃及人则用他们特有的方式反抗：在鳄鱼城，我们发现原来用来安置军队的一些房屋，房顶已经被揭掉，门被墙封住了，那个地方修起了祭坛。他们所以这样做，是为了这些房子不致被占。 ——摘译自［美］威廉·弗格森《希腊帝国主义》 材料5：马卡比起义	【问题4】分别提取材料中的历史信息并思考据此可以得出什么结论？

亚历山大是一个希腊文化狂热的崇拜者和积极的推行者，而城市是希腊文化的载

体。因此，他在被征服地区建立了许许多多城市。其中以他的名字命名的就有 70 多座，其中最典型的就是埃及的亚历山大城。让学生从这座著名的希腊化时代的城市中切身感受希腊化时代的特征，从而理解亚历山大东征带来的希腊化时代，"在有些方面，虽然希腊因素比较突出，但由于经济和政治的环境不同，文化服务的对象不同，他们已经不能单纯地看作是古希腊文化的延续""希腊化时期的历史应该看作是希腊因素和东方因素的多样性互相汇合的历史。撤去任何一方的作用，都是对历史的歪曲"。所以，在材料的选取上，从四个视角出发，综合体现了希腊化时代多元、融合、以希腊文化为主导但同时西亚、北非的文化仍在希腊化世界保持长期影响等特征。例如，亚历山大城中的缪斯宫体现了希腊化科学的特色：一是知识精英和王权政府结盟，学术研究由王室出资供养；二是希腊化科学是希腊自由学术和东方实用知识的结合。

以亚历山大城作为情境进行构建的过程中，吸收了地理学科的研究视角，通过城市研究，探索城市发展与历史事件之间的关系。通过研究城市的空间布局、街道规划、建筑风格等，揭示城市内部社会阶层、群体分布和职能区域的变迁，深入理解历史的社会动态。通过学科融合，学生可以更加深入地了解历史，并将历史知识应用于其他学科领域。这种综合性学习有助于培养学生的批判思维、分析能力和跨学科的思维方式，提高他们的整体学习水平。同时，学科融合也能够帮助学生建立起关联知识的网络，形成知识体系的完整性，培养他们对不同学科的综合认识和理解能力，从而实现对概念的深度理解。

在进行学科融合的过程中应坚持好自己的学科立场。对于亚历山大城的挖掘是作为一种工具用于辅助理解希腊化时代这一概念，所以在材料的选取和应用上，要深耕教材所提供的史料，突出希腊化时代的特征这个重点问题。

四、构建评价体系，助推素养落地

有深度的教学需要评价体系的支撑，评价是教学过程中不可或缺的一个环节，是核心素养落地的评估手段。评价体系的创设对教师的教和学生的学都有重要的导向作用。"教学总是需要各种各样的证据，而且评估方案必须以真实的表现性任务为基础。面向理解的评估需要表现性评价：我们需要看到学生在具体情境中应对挑战时的表现，以及在这个过程中他们的思维过程是什么样的。"所以针对课堂的评价要形成一个评价体系以用来支撑整个评价的过程，科学地衡量学生的达成水平。

表3 统编版选择性必修3"古代战争与地域文化的演变"评价体系方案细目表

评价层级	评价标准
知道与理解	1. 能否掌握亚历山大东征的时间、疆域、统治方式，并理解希腊化时代形成的原因。 2. 能否绘制出表格，展示蒙古西征的基本情况，并理解蒙古西征所推动东西文化交流的表现
分析与解释	1. 能否分析"希腊化时代"的特点，解释"希腊化时代"和"希腊化世界"两个概念。 2. 能否提炼材料观点并多角度分析蒙古西征对不同地域文化产生了哪些影响
探究与研究	关于战争对文化的影响能否辩证看待，分析两场同样是跨越不同区域的古代战争，为何带来截然不同的影响
交流与合作	能否积极参与课堂讨论、小组讨论等活动，与同学们一起探讨历史问题，交流自己的观点和看法
迁移与应用	能否利用历史文献、史书、网络信息查阅等形式，获取古代战争对地域文化影响方面的知识。列举出不同的古代战争分别对地域文化带来哪些具体影响

首先，在整个评价体系的构建过程中，对学生的达成目标进行了层级分类。然后，结合本课的知识内容具体化达成目标的评价标准。评价的过程中从教师教学过程中任务的创设是否合理，概念的解读是否到位，材料的应用是否合理等方面，诊断与改进教师的不足。根据学生在课堂中是否渗透性地落实历史学的五大核心素养，诊断学生的优势与不足，从而实现素养的落地。

综上所述，本文以"古代战争与地域文化的演变"为例对基于深度学习的高中历史课堂构建策略进行了探讨，以素养为导向、大单元为载体、核心概念为引领，采用了任务框架、问题情境来构建深度理解的思维型课堂，用评价体系来量化深度理解中核心素养的落地。

参考文献

[1] 麦克泰格，西尔维. 为深度学习而教：促进学生参与意义构建的思维工具 [M]. 北京：教育科学出版社，2021.

[2] 中华人民共和国教育部. 普通高中历史课程标准（2017 年版 2020 年修订）[M]. 北京：人民教育出版社，2020.

［3］吴于廑．希腊化时期的文化［J］．历史教学，1958（2）：24-34.

［4］威金斯，麦克泰格．追求理解的教学设计［M］．2版．上海：华东师范大学出版社，2016.

（此文荣获 2023 年度海口市基础教育创新研究与实践论文评选一等奖）

6. 高中心育课堂小组讨论式合作学习实效性的实践研究

符莉芬

摘　要：针对高中心理健康教育课堂教学中出现的小组讨论式合作学习的低实效性，本文提出精心设计问题、规范小组要求、加强技能培养、充分发挥教师的作用等四个策略，并通过课堂教学实践进行论证。实践证明，本文提出的策略提高了课堂教学的实效性，促进了学生的认知、情感和行为三种不同层面的心理状态的提高。

关键词：小组讨论；合作学习；实效性

小组讨论式合作学习是一种能充分发挥学生主体作用，激发学生主动学习的积极性，变师生单向交流为多向交流，为学生创设一个交流合作的情境，并通过同龄人的启发、教师的引导拓宽、肯定和修正自己的观点，使不同背景的学生在互动中充分进步的学习形式。小组讨论式合作学习是否有效将直接影响课堂学习的实效性与高效性，本文针对课堂情况提出提高课堂小组讨论式合作学习的有效性和促进合作学习的策略，并通过课堂教学实践论证此策略提高了课堂教学的实效性，促进了学生的认知、情感和行为三种不同层面的心理状态的提高。

一、精心设计，使学生"想合作"

精心设计小组讨论的问题，把握讨论的最佳时机。精心设计小组讨论的每个环节，从目标设置、任务选择、教学方法、合作过程的展开等全方位去思考准备，并对课堂上合作学习的有效性进行课前评估。小组讨论问题要有一定难度，符合学生年龄特征，是学生根据已有知识与经验通过小组讨论可以解决的；讨论的问题要有一定探究和讨论价值，要贴近学生实际，是学生感兴趣的或存在困惑的，同时通过讨论可以达到个人提升作用的内容；讨论的问题要有一定的开放性，每一个同学都能够从他人的发言中活跃思维、拓宽思路、深化理解。防止出现注重形式、忽视实质，导致浅尝辄止、人云亦云、缺乏实效的现象。

二、规范要求，使学生"可合作"

1. 科学合理分组。根据不同班级的座位编排，将每班学生分成 8—10 个学习小组，每小组 6—8 人，每个小组推荐或自荐 1 名组长，1 名发言人，发言人由各组员轮流担任，力求让每个学生都有机会参与讨论与分享过程。心理课堂与其他学科课堂不同，不涉及学生知识水平层面，但是在分组时要考虑到学生的积极性水平，避免有的小组讨论得如火如荼，而有的小组却鸦雀无声。因此在可以调动座位的情况下可用部分积极主动的学生带动小组，并把班级里被动的学生平均分布到各组，以充分调动每个学生的积极性。由此，小组成员可以互相促进，互相学习，以积极主动者带动被动内向者，以取长补短。

2. 明确分工任务。小组讨论合作学习中，组长的能力高低直接影响到讨论学习的有序、有效开展，所以在课堂上要注重小组长的培养。如因教室座位的变换，每次上课时分组情况都不同，小组长由不同学生来担任时，在课堂上教师要督促组长积极主动地组织合作学习，指导组长在讨论过程中进行灵活协调，促进讨论的有效进行。

（1）小组长的职责：根据课堂的学习任务按要求组织全体组员进行讨论，对组员的发言适时给予鼓励与肯定；当组员出现注意力分散、态度散漫、讨论偏离主题等现象时，及时指出并纠正。

（2）发言人的职责：记录组员的发言，并认真归纳整理，为后期展示做准备，并负责展示汇报分享小组讨论结果。

（3）组员的职责：服从组长的安排，积极完成小组任务。

3. 严格规定时间。合理设置并控制组内讨论时间，避免时间过长造成学生出现拖沓行为、谈论结束后无所事事影响动力、谈论主题以外的话题造成注意转移等现象，让每个组员都能"抓紧"发言；避免时间过短造成部分组员来不及参与等现象。严格控制小组展示汇报时间，避免出现个别小组侃侃而谈，个别小组因为课堂时间关系错失分享机会的现象，以促进学生时间观念、效率观念及相互尊重意识的养成。

4. 规范讨论机制。在组织课堂小组讨论时，会出现积极性不高，无人发言，或总是由固定的少数几个活跃分子发言，个别组员被边缘化，小组讨论成果总结与展示不规范、不全面、层次较浅等现象。为了解决这些问题，在初期使用小组讨论记录单，以促进小组讨论规范的形成，促进所有成员的积极讨论及加强讨论成果的深度。

表1　小组讨论记录表

组长：　　　　　　　　　　　　　　　发言人：

序号	姓名	想法、感受摘要
1		
2		
3		
4		
5		
……		

三、提高意识、培养技能，使学生"会合作"

1. 制定小组公约，培养合作意识。针对在小组讨论中常出现"因为担心同学们的嘲笑不敢发言""讨论时各说各的，其他人说什么我不感兴趣""讨论很容易转移到无关紧要的话题甚至闲聊上或者随便发表议论应付了事"等主要现象制定小组公约，从学生的角度出发，把课堂的纪律要求，变成学生自愿遵守的公约，自觉维护课堂的和谐有效运转：

（1）爱心相待。平等待人，态度要诚恳，不嘲笑、攻击他人，不伤害同学自尊心，给予同学支持的力量；尊重同学的不同看法。

（2）用心体验。用心去感受当下的自己，清晰明确地表达自己。

（3）耐心倾听。认真倾听每个同学的发言，不随便插嘴，如果有不同意见，要耐心听同学说完后再提出来；辨析同学的发言，发表自己的补充或不同见解。

（4）真心交流。发言围绕讨论主题，不东拉西扯；独立思考，敢于提出自己的看法与感受。

2. 实时自我评价，培养合作技能。在心理课堂中小组讨论不仅可以让学生产生思维的碰撞，还可以促进学生学会尊重差异、表达自我、倾听他人、有效沟通，以及在合作中如何提供应有的信息等。因此根据已设定的心理课堂公约：爱心相待、用心体验、耐心倾听、真心交流，制定自我评价表，有助于学生反思自己在小组讨论时的行为，从而培养学生心理素质，创设一个安全和谐的讨论氛围，以解决个别组员的意见总是不受其他人的重视，甚至嘲笑，影响学生参与度甚至造成心理伤害等现象，提高学生参与的积极性。

表 2   小组讨论评价表

序号	基本要求	评分	收获、感触
1	态度中立，尊重差异，不批判他人的观点		
2	积极参与，主动分享自己的见解和感受		
3	认真倾听关注他人，不做与讨论无关的事情		
4	能准确的表达自己，促进有效沟通		

评价得分：优秀＝4   良好＝3   中等＝2   欠佳＝1

四、充分发挥教师的作用，助推学生合作学习

在教学的每一个环节，教师都是学生的促进者。在小组讨论活动中教师是组织者、观察者、参与者、引导者、评价者，要为学生素质的提高、能力的协调发展全面服务，使小组讨论顺利进行并达到预期目标。

1. 教师是组织者，指导学生合作。合理安排小组任务，使小组讨论在要求之下、规范之内有序开展。

2. 教师是观察者，关注课堂情况。关注每个小组的讨论情况、关注每一个学生的参与情况；对小组的观点看法做到心中有数、梳理归纳，在全班分享汇报时针对不同情况，能积极回应并做到有所侧重，或一带而过，或启发互相补充，使问题解决得到进一步升华，提高课堂教学效率和效益。

3. 教师是参与者、引导者，拓展生生交流的空间。教师要深入到小组讨论中去，以平等的身份参与讨论中，并进行适时巧妙引导：当讨论一筹莫展时，给予引导点拨；当个别学生不愿开口时，给予及时鼓励；当讨论浮于表面时，给予升华点拨。教师不是一个中介者，在小组分享汇报合作结果时，避免出现"生—师—生"的信息交流模式，即小组代表分享汇报给老师听，再由老师把他们说的内容抛给其他学生的现象。

4. 教师是评价者，不是批判者。"答案"没有对错之分，这是心育课堂与其他学科的不同。教师要站在客观的角度以中立的态度评价学生的看法、小组的汇报结论，让学生了解到问题的目的在于阐述理由、看法、感受而非"答案"的对错，尊重学生的人格，尊重学生看待问题的不同角度，促进学生的自我表露，以营造一个安全的、让学生敢说与多说的课堂氛围。

五、课堂教学实践的效果反馈

运用课堂观察、问卷调查、心得体会等方法，从自我认识、人际关系、自信心、倾

听能力、表达能力等几个方面，从授课班级中每班随机抽取 8 人进行检测。实际发放问卷 100 份，回收问卷 95 份，有效问卷 95 份。

表 3 调查问卷统计表

题目	很符合	符合	不确定	不符合	很不符合
1. 更能加深对自己的了解与认识	28.42%	51.58%	18.95%	1.05%	0.00%
	80.00%				
2. 比较能正确处理与同学之间的竞争与合作	24.21%	47.37%	23.16%	5.26%	0.00%
	71.58%				
3. 与老师、家长的关系更加融洽	26.32%	36.84%	28.42%	8.42%	0.00%
	63.16%				
4. 在班级里感受到了更多的温暖	26.32%	37.89%	26.32%	9.47%	0.00%
	64.21%				
5. 能及时有效地调节情绪，使自己轻松愉快地投入到学习生活中	28.42%	48.42%	20.00%	3.16%	0.00%
	76.84%				
6. 在课堂中能做到敢说、想说、善说	23.16%	42.11%	27.37%	7.36%	0.00%
	65.27%				
7. 对自己更有信心	25.26%	51.58%	18.95%	4.21%	0.00%
	76.84%				
8. 比较能制定切合自身情况的有效目标	25.26%	48.42%	23.16%	3.16%	0.00%
	73.68%				
9. 能积极主动寻找并合理利用身边的资源	25.26%	51.58%	20.00%	3.16%	0.00%
	76.84%				
10. 能更好地应对考前或考中的焦虑情绪	25.26%	43.16%	28.42%	3.16%	0.00%
	68.42%				
11. 能找到自己的适度压力，提高学习动力和效率	24.21%	55.79%	18.95%	1.05%	0.00%
	80.00%				
12. 促进了对同学的认识和了解	28.42%	46.32%	21.05%	4.21%	0.00%
	74.74%				
13. 在与同学的交流中，我能做到倾听和尊重同学	37.89%	49.47%	12.64%	0.00%	0.00%
	87.36%				

续表

题目	很符合	符合	不确定	不符合	很不符合
14. 比较能运用心理辅导课上所学的知识来提升自己	24.21%	47.37%	25.26%	3.16%	0.00%
	71.58%				
15. 比较能运用心理辅导课上所学的知识来帮助他人	21.05%	40.00%	31.58%	7.37%	0.00%
	61.05%				

学生行为改变问卷检测结果：

1. 培养学生的社会适应性。小组合作学习给学生提供了相互交流、相互认识、相互了解的机会，通过朋辈的引领让学生融入集体，提高了学生的社会适应性；给学生提供了合作互助的机会，增加课堂上朋辈之间深化合作、互助促进的频度和强度，通过良好的朋辈关系促进学生社会化程度的发展。

2. 锻炼学生听、说的能力。养成善于倾听的良好习惯，在听的过程中学会辨析别人的观点，边听边思考，反思自己，补充自己，修正自己；并敢于、准确且恰当地表达自己。

3. 培养学生合作、交往的能力。小组讨论式合作学习为学生创设了一个能在课堂上充分交流、思想碰撞的机会，既是彼此交流、互教互学的过程，也是互帮互助、情感沟通的过程，在互动中进行有意义学习，促进学生认知的发展，实现"交流—交互—交际"的效果，提高了合作、人际交往的能力。

4. 提高学生自主探究的能力，利于学生健康个性的发展。小组合作学习充分调动学生的主观能动性，通过学生的主动参与，锻炼学生独立的思维和理解事物的想法，提升了自主性和独立性；使学生敢于质疑，勇于表达，从而进一步发现自我，认识自我，实现自我，超越自我，使学生的内在需要在群体互动中获得满足，促进其健康成长。

参考文献

[1] 钟志农. 探寻学生心灵成长"路线图"[M]. 北京：教育科学出版社，2012.

[2] 张丽娜. 论在教学中合作学习素质的培养 [J]. 黑龙江科技信息，2011 (36)：245.

[3] 钟志农. 心理辅导活动课操作实务 [M]. 宁波：宁波出版社. 2007.

[4] 汤晓英. 谈一谈小组合作学习的利与弊 [J]. 读写算（教育教学研究），2011 (68)：34.

（此文荣获海南省教育教学论文评选活动一等奖）

7. 原版英文小说优化英语记叙文写作教学的实践研究

——以《夏洛的网》为例

林　洁

摘　要：原版英文小说在语言、结构、创意等方面具有示范和引领作用，是训练记叙文阅读技巧以及写作策略较有效的教学资源。笔者基于海南省教育科学规划课题，以《夏洛的网》为例，以行动研究为主要方法，阐述了如何通过多维教学设计，有针对性地训练学生记叙文的故事构思、语言表达以及语篇创作等方面的能力，丰富高中英语记叙文写作教学手段，提高学生读后续写的写作水平。

关键词：原版英文小说；《夏洛的网》；记叙文；读后续写；思维导图

一、原版英文小说在写作教学中的意义

原版英文小说在语言、结构、创意等方面具有示范和引领作用。分析原版英文小说可以使学生掌握一个相对固定并可以借鉴的语篇模式，从而增强其理解与创作语篇的信心。原版英文小说在写作教学中有三个方面的示范作用。

（一）示范记叙文的写作结构

学生通过阅读原版英文小说，能养成读角色、画地点、明时间，划分故事发展阶段、剖析角色情感变化、找伏笔、预测后文、关注地道语言、积累修辞手段的阅读习惯和思维能力，在整体阅读中，发展以点线面相结合的方法分析文章情节和续写两个段首句和续写内容的写作思路，示范了不同的细化段落关系构思，帮助学生了解对应情景的行文规则，明晰了记叙文的基本格式与结构，为学生在写作前的谋篇布局提供可参照、可借鉴的样板。

（二）示范记叙文写作语言特点

原版英文小说地道的语言特色以及恰当的写作语言，给学生在文本的语言风格、语言特点和修辞手段等方面做了专业的示范，帮助学生在凝练和组织写作语言时能借鉴通俗地道的语料。

（三）激发记叙文写作创意

教师在《夏洛的网》读写教学中，并没有让学生直接模仿，而是作为参考，帮助学生通过阅读与分析，打开思路，根据前文伏笔，构思出有协同性、与前文融洽度高的后续故事情节。我们鼓励学生跨越记叙文阅读的固定模式，将注意力重点放在深度阅读上，训练更多维立体的构思，更有深度地描述后续情节的发展。

二、《夏洛的网》在高中英语读后续写教学中的运用

笔者在进行《夏洛的网》指导写作教学时，注重文本结构和语篇分析，提出"needs（作者要表达的需求）—difficulty（困难）—solution（解决）—denouement（升华感悟）的读后续写构思思路"，根据伏笔合理预测下一章节情节，灵活运用语料，鼓励学生以英文小说为依托，在合理构思中，自主创造出与前文有"协同度与融洽度"的故事情节。

（一）分析《夏洛的网》篇章结构，给情节思路搭"支架"

在阅读原版英文小说过程中，教师通过思维导图，勾勒出小说的篇章结构以及谋篇布局，基于文体结构，做客观、合理的预测，帮助学生从原版英文小说中提炼可借鉴、可模仿的构思。

《夏洛的网》讲述了小猪威尔伯和蜘蛛夏洛的友情故事。威尔伯因养肥要被宰了，为了救好朋友，蜘蛛夏洛不断在网里织字，暗示威尔伯是一头神奇的猪。由于夏洛网上的文字，威尔伯因与众不同而获奖，也因获奖和名望保住了性命。当威尔伯带着夏洛的蛋回到农场时，夏洛却因不断地织网而死在空旷的地上。故事以夏洛留下的蛋孵化了，威尔伯保住了性命，与夏洛的后代们结成一生的朋友结尾。

本书阅读前，教师帮助学生明确记叙文的写作风格类型：循环、模仿、反转、困境、竞赛、转型等（见图1）。

Six Story Plots Authors Use:

Circle
Copycat
Switch
Stuck
Contest
Transformation

图1　故事情节类型图

循环：循环在同一个地方开始和结束。它们涉及的过程可以是实际的，也可以是想象的。

模仿：当一个角色模仿另一个角色的外表、行为、能力等时，就会出现模仿故事。模仿背后的动机可能是钦佩或陷害某人。

反转：切换故事发生在两个项目、人员、职位、能力等意外或故意切换时。由此产生的情况往往很有趣。通常情况下，当事情发生逆转时，故事就结束了。

困境：困境故事是一种情节模式，在这种模式中，某物/某人陷入困境，故事的重点是如何删除/释放它。在一些被卡住的故事中，被卡住的物品/人是不小心被卡住的。在另一些故事中，一个物体/人被故意放置，故事中的其他角色试图移除/释放这个物体/人。小说可能会写一个角色陷入某种观点或情绪，以及导致他改变观点或情绪的情况。

竞赛：通常包含主角和对手之间的竞赛。在大多数情况下，主角会赢得比赛。英雄故事是最受欢迎的比赛类型之一，被写进电影中。

转型：大多数故事在包含某种性格变化时效果最好。然而，转型故事的情绪转变更进一步，真正将注意力集中在变化的性质和产生的效果上。转型故事考察了主人公在情节各个阶段的演变过程，他们对事件和刺激做出反应，成为一个与最初不同的人。

以第一章为例，第一章开篇有大量的角色信息，笔者以提纲形式，将信息含量较大，人物关系复杂，且看似凌乱的开场内容梳理清楚，借用思维导图以及符合文本体裁结构要求的形式，把逻辑通顺化，写成一篇续写任务，实现了原版英文小说教学结构学习的教学目标。

教学片段1

教师从小说《夏洛的网》中Chapter 1的语篇入手，让学生从中梳理提纲中对应的信息。

T：Read the text and complete the notes below.（见图2）。

图2根据Chapter 1，通过对比描写Avery和家人们的性格，培养学生分析人物性格的思维，为训练好读后续写，分析人物特点打下良好的基础。

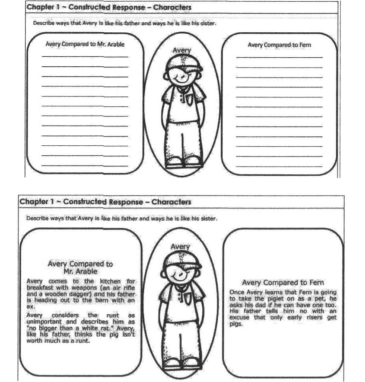

图 2　人物性格分析任务单

结合以上活动，教师继续追问学生："Please find out detailed information to complete the diagram "接着，教师让学生通过小组讨论，以提问的形式完成对解决问题的信息梳理（见图 3）。

T：Focus on the descriptive words and incidents in this passage to identify and interpret the thoughts and feelings of the main characters in the passage.

教师引导学生在梳理原版英文小说内容的过程中，将阅读文本中的问题矛盾与解决方案的信息进行提炼，以导图为思路引领，从小情节小问题中，理清叙事的整体大思路以及核心主题。学习名著情节设置的环环相扣，训练学生在文本中找伏笔，为读后续写的续写部分的构造进行架构。学习写作结构时要以内容为抓手，梳理文本结构，做好写前初步准备，有了合理的续写思路和内容框架，才能结合地道的话题语料，完善续写任务。

刘苏力指出，一本好的原版英文小说可以帮助学习者理解写作理论，有可模仿性。基于原版英文小说，笔者引导学生梳理文本内容，找出章节文本以及章节之间的布局的规律，理解记叙文体裁架构，给续写搭好思路与语言的框架，从而促使学生整理归纳好写作素材，拟出写作文本框架。

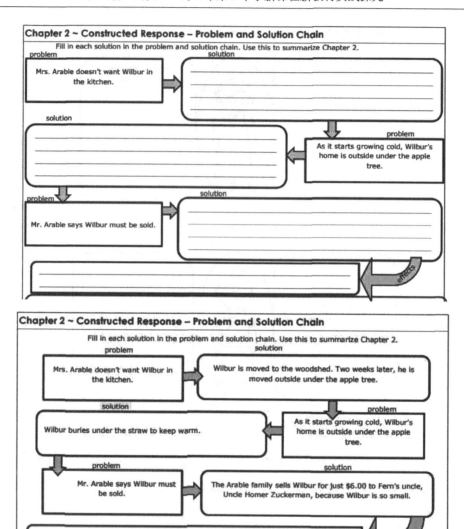

图3 解决问题思维导图

(二)借鉴原版英文小说，凝练写作语言

原版英文小说在词汇、语法、表达和语言逻辑等方面都具有示范性和标准性，要重视原版英文小说语言示范对学生写作的指导意义，它能创造一个自然真实、轻松快乐的语言文化环境。学习者在阅读的过程中，通过关注故事情节，品味语言和文化，能够融入作品所创造的氛围当中，真正与作者的思想情感互动，同时，促进了语言学习，有助于形成优秀思维品质。通过剖析原版英文小说的语言，深度解读语篇的意义，学生不仅能学习基本语言特征，把握语言内涵，还能更有效地优化写作的语言表达。

1. 从文本特征入手，分析原版英文小说的语言特色。归纳相关题材的语言特点时可关注三个方面：

第一，原版英文小说开头和结尾部分的措辞或特定的语言表达；

第二，各段或各部分的中心句以及展示语篇框架结构的词汇；

第三，常用的句型或词汇。

在分析语言特色时，教师引导学生紧扣文本特征，分析语料，帮助学生准确把握记叙文文本的语言特点。

笔者通过《夏洛的网》整本书阅读，尝试使用系列任务活动，有针对性地扩大学生的词汇量，积累语料，提高学生语言综合技能。

（1）每个单元将重点关注两个前缀、两个后缀和词根。单词将提供图形任务和练习活动。所选的附件将在另一本书的单元中重复一次。

（2）每个单元将练习以下一种或多种操作：语言比喻、习语、谚语和/或格言。每个单元将包括一组答题卡、复习定义的图形组织者和一个练习活动。活动内容设计将基于作者的写作风格。

（3）每个单元都将包含使用上下文线索的练习。将选定一名组织者，组织讨论并解释多种类型的上下文线索——定义、同义词、反义词、示例、因果关系、比较、列表/系列和描述，以及任务卡。任务卡包含基于书本的多项选择题，并选择游戏活动与卡片一起使用。卡片将按每个单元更改；比赛规则将保持不变。

（4）每个单元选定一名组织者，讨论大写和/或标点符号规则。任务卡包含基于书本的多项选择题，并选择了与卡片一起使用的游戏活动。

（5）每个单元设计一个复习的知识清单和一个语法练习的活动。

（6）每个单元设计一个复习的知识清单和一项练习拼写规则的活动。

（7）每个单元设计一个任务单，负责复习规则和类似游戏的练习，包括同义词、反义词、令人困惑的单词集和/或同音词/同形词。

教学片段 2

在原版小说《夏洛的网》的教学过程中，教师要引导学生注重把握其语言特点，通过理解章节之间、段内以及段际的衔接关系，分析记叙文的语言特点，并整编语料库，分类提炼出不同的表达。

在学生理解语篇的过程中，关注记叙文的语言特点和写作风格，并在名著中找到支撑该特点的相应表达方式。通过对记叙文语言特点的学习与分析，学生能在后续的续写的写作时，语言表达更加精准恰当。

2. 找出文本隐含信息，分析语言内在关联。

在深入分析原版英文小说语篇时，通过 word map、synonym map、relational or complementary antonyms、graded antonym map 挖掘文本的隐含信息，扩大词汇量，

提升语言水平。

教学片段 3

引导学生精读原版英文小说章节，让学生在任务链的引领下找出语言表达中的隐含信息和弦外之音；同时分析句子与句子，段落与段落之间内在的关联。

T：What happened to Wilbur finally？What do you understand from this story？

学生在读原版英文小说文本过程中，要关注记叙文语言间的内在关联上，通过问题任务链，找出文本的隐含信息。学生回答：

S：Wilbur survived finally with love and sacrifice. Charlotte shows us its smartness，bravery，sacrifice，love，a sense of responsibility and the meaning of friendship.

笔者在教学中要指导学生挖掘紧扣主题思想的意义以及隐含在文本中的论据，通过戏剧表演、讲故事、征稿等活动，丰富学生的语言表达。与此同时，引导学生在写作时注重逻辑关系。

3. 抓住原版英文小说重点词句，把握语言情感特点。

在分析原版英文小说的语言时，教师需要准确地把握其内涵意义，能敏锐地洞察潜藏在语言背后的情感信息，这样才能真正解读原版英文小说的语言情感特点，确保学生能在进一步交流思想的同时，传递出准确、恰当的信息。从积累小说的重点词句入手，适当摘抄，把握语言情感特点进行精准表达。

Chapter 1　语料知识清单		
读后续写语料种类	语料小练	答案与来源
情绪描写	伤心：Tears ＿＿＿＿＿＿（沿着脸颊流下来）and she ＿＿＿＿＿＿（紧抓住）the ax and tried to pull it out of her father's hand.	trickled down her cheeks；took hold of　　P3
动作描写（动作链）	Fern＿＿＿＿a chair＿＿＿＿＿and＿＿＿＿. 弗恩一把推开椅子，跑到户外。	pushed；out of the way；rushed outdoors P1
环境描写	The grass was wet and the earth＿＿＿＿. 草是湿的，大地散发着春天的气息。	smelled of springtime P1
神态（外貌）描写	A queer look＿＿＿＿John Arable's face. 约翰·阿拉布尔的脸上掠过一种奇怪的表情。The＿＿＿＿its ears，＿＿＿＿them＿＿＿＿. 早晨的阳光洒在它的耳朵上，把它们映得粉红。	came/flashed over　P3 morning light shone through；turning；pink P4

续表

Chapter 1　语料知识清单		
众"说"纷纭	"Do away with it?" s_____ Fern. 尖叫 "Please don't kill it!" she s_____. 抽泣着说/ 恳求——begged / pleaded "Control myself?" _____ Fern. "This is a matter of life and death, and you talk about controlling myself." 大声叫道 Fern couldn't take her eyes off the tiny pig. "Oh," she w_____. "Oh, look at him! He's absolutely perfect." 轻声赞美道	shrieked　　P1 sobbed　　　P2 yelled　　　P2 whispered　P4

教学片段 4

教师以问题与案例分析，引导学生思考"好朋友"应该具有哪些品格，并通过板书呈现。在此基础上，教师通过生生互动、师生讨论，引导学生分享自己为什么把他/她当成是最好的朋友的理由，激发学生更深层次地获得情感认知。

T：What qualities should a "best friend" possesses?

S：Share opinions.

T：Who is your best friend? What made him or her special? What personal qualities does she/he possess? Why do you consider him/her as your best friend?

S：Complete the form in Activity 1 after listening to the demonstration.

通过教师对原版英文小说词句的挖掘，学生体会到了小说语言的情感特色。对原版英文小说语言情感特点的挖掘能激发学生在行文表述中展示自我。学生在理解小说背后的主题、情感的基础上完成习作，所表达的内容就更富含真情实感，更具思想深度。

三、结语

原版英文小说阅读能促进学生逻辑思维能力，增强文本分析能力，挖掘文本的意义，训练写作结构，输入与输出相结合，通过制作学习性成果和创造性成果、角色扮演体验，与作者产生共鸣，超越文本，形成自己的思考和见解，成为储存自身情感记忆的载体。我们要致力于探索如何让原版英文小说成为学生读后续写写作的阶梯，助力学生用科学合理的结构、得体的语言表达出丰富且彰显创造力的思想和情感。

参考文献

［1］赵霞．"过程体裁教学法"在英语写作中的研究与应用［J］．宁波大学学报（教育科学版），2010（5）：112-116.

［2］刘苏力．英语写作课程中范文的要求与选择［J］．北京第二外国语学院学报，2006（4）：56-61．

［3］张冠文．在初中英语教学中开展过程体裁写作教学的实践［J］．中小学外语教学（中学篇），2021（1）：50-54．

［4］中华人民共和国教育部．义务教育英语课程标准（2022 年版）［M］．北京：北京师范大学出版社．2022．

二、学科核心素养的实践探究

8. 语文活动与实践是培养学生核心素养的双翼

谭献雪

摘　要：语文新课标指出，语文活动和实践的开展有利于激发学生的语文学习兴趣，全面提高学生的语文核心素养，鼓励学生通过实践探究增强合作精神，具有良好的应用价值。语文教学当中的活动和实践改变了以往过于强调知识灌输的教学弊端，更加注重学生的参与、沟通与合作，从而使语文教学形式更加活泼多样。在语文实践活动中，教师要尊重学生的发展规律，实现活动和实践由课内向课外的拓展延伸。语文活动与实践有利于培养学生更完善的语文素养，引导学生从"学语文"过渡为"用语文"，形成灵活的语文思维，培养学生的语文核心素养。

关键词：学习兴趣；活动；实践；语文素养

一、语文活动和实践要突出"新、活、巧、趣"特色

中学阶段的学生活泼好动，喜爱天马行空，他们期望在学习当中获得更多的乐趣，而不是被动地接受教师的知识灌输。因此在语文实践活动设计中，教师需要主动迎合学生的心理特点和行为特点，激发学生的好奇心和探究欲，给学习以更大的思维发散空间，在实际活动中突出"新、活、巧、趣"的特色。

"新"，主要指在活动内容和形式上出新，内容设计要突出新意，避免重复单调的活动设计。活动形式要新颖活泼，富于变化，以此激发学生的好奇心，促使学生主动参与到语文实践活动中来。

"活"是指形式灵活，与学生的心理需求与性格特点相契合。在实践活动中关注学生智力因素与非智力因素的发展，以学生语文实践能力的提升为目标，避免在目标设定中出现"一刀切"问题。同时还要兼顾学生的个体差异和能力差异，在实践活动中突出灵活的因材施教优势。

"巧"，需要教师在活动设计中巧妙有趣，能够起到寓教于乐的作用。在充分激发学生语文实践兴趣的同时，引导学生更巧妙地完成活动目标，进而形成生动有序的语文实践活动形式。

"趣"，是激发学习兴趣，潜移默化中培养学生的学识素养和人格素养。爱因斯坦说："兴趣是最好的老师。"于漪老师也曾说："教师如果有本领把学生学习语文的兴趣与求知欲激发出来，教学就成功了大半，学生学习语文就有了良好的起点，就不以为苦，从中获得乐趣。"由此可见，语文教学活动中只有激发了学生的兴趣，才能使其自然而愉快地获得知识，道德修养、审美情趣才能得以提升。

二、将语文活动与实践融入课堂教学当中

将语文实践活动与课堂教学相融合，有利于实践活动开展的日常化和持续化，教师可在每节语文课前抽出3~5分钟进行实践互动，例如：以培养学生朗诵能力为目标的"朗读家"活动，学生在教师引导下搜集一些优美的散文、诗歌进行朗诵，学生需要在朗诵中声情并茂，富于感情，教师和学生共同组成"评委团"，为朗诵的学生打分。为了充分激发学生的朗读热情，教师可以组织学生评选出"每周之星"或者"月度冠军"，生动有趣的活动形式有利于学生参与到活动中来。

为了提高学生的词汇积累量，教师可以设计"成语接龙"活动，整个接龙时间为3分钟，5秒钟内不能说出接龙成语则为失败，没有接出的学生需要表演一个节目。在充满竞争同时又快乐民主的环境下，学生能够感受到更浓厚的课堂氛围，即使没有接龙成功也不会消极气馁，在增加学生词汇量的同时，也能够进一步培养学生良好的学习态度和健康的竞争心态。

我特别注重以朗读为主的课堂阅读教学，以培养学生的语文素养。

1. 依靠文本、通过多种形式的反复诵读来培养学生良好的语感能力，最终达成培养学生语文素养的目标。语文教材中选用的文章，都是几代大家积累流传下来，经过专家们认真筛选甄别的，在遣词造句等方面堪称范本的佳作。因此，在语文教学活动中，除了课本上要求背诵的篇目或片段外，我也会要求学生对其他课文中一些精彩的片段多读以至成诵。

2. 良好的学习语文的习惯是培养学生语文素养的基本保证。语文教学必须牢记叶圣陶先生的名言"教是为了不需要教"，教学中要让学生掌握最基本的语文学习方法，养成语文学习的自信心和良好习惯。如，预习的习惯（明确预习的基本要求：读书3遍，勾画生字新词，生字表里的生字组词1~2个，数自然段，简要回答课后的问题，在不懂的地方打上问号，等等），勤查工具书的习惯，专心读书的习惯（各种形式的读：

默读、自由读、快速浏览、有感情地朗读等），读书批注的习惯（不动笔墨不读书，在书上留下自己读书的痕迹，可以是勾画好词佳句，简单的批注自己的体会，等等），背诵摘录的习惯，认真听讲的习惯，思考提问的习惯（让学生学会质疑，是什么，怎么样，为什么），认真写作的习惯等。

将语文实践活动与课堂教学相融合，有利于培养学生良好的自主学习能力，在活动中学生的主人翁意识被充分激发出来，能够感受到语文学习的乐趣，提高学生的语文审美能力，帮助学生掌握语文学习技巧，促进学生由"语文知识"向"语文能力"转化，进而培养学生良好的语文素养。

三、利用课外时间拓展语文实践活动空间

书写不被重视会导致学生卷面潦草，我一直把"练字"当作一项重要的语文素养来抓。习字练习可以和书法课相结合，教师带领学生一起开辟习字展览专栏，将学生课余时间写出的优秀习字作品进行展示，将有特色的作品拿出来，组织学生观摩讨论，一方面能够提高学生的习字水平，加强书写的规范性，一方面又可以提高学生的书法审美能力，促进中华传统文化的传承与发展。

四、在语文活动与实践中促进学生道德的发展

在"阅读导师"活动中，教师可以为学生推荐一些经典的文学读物，同时也可以让学生将自己平时读到的一些好书向同学们推荐，将读书、荐书、评书活动结合在一起，不但要鼓励学生们去读，同时还要让学生懂得所读的文章好在哪里，总结在阅读中有什么收获。这样才能避免学生为了阅读而阅读，使阅读成为一种生活习惯，这一点对于培养学生终身阅读有着积极的促进作用，同时还能够从阅读活动中积累更多的人生智慧，以此促进学生的健康发展。

五、多种手段调动学生习作热情，培养学生的语文素养

叶圣陶老先生曾说过，"练习作文是为了一辈子学习的需要，工作的需要，生活的需要，不是为了应付考试，也不是为了当专业作家。"写作既是课程标准要求的基本能力，也是语文素养中蕴含的学识修养和人格修养的重要的呈现载体。在广泛阅读和积累的基础上，学生已经具备了较好的文学底蕴。那么，如何让学生们将厚积的文学、知识内涵薄发而为优秀的习作呢？

1. 结合学生们课外阅读的实际情况，要求每个学生每读完一本书都要完成一篇有质量的读后感，经过自己修改、生生互改后，在班上进行读后感交流活动。因为很多同学都是通过借阅和漂书的方式得到书籍的，所以往往一本书同时有几个阅读者，不同的读者写出的读后感又各不相同，这样的交流活动对学生提高写作能力有极大的帮助。几年下来，学生们先后共完成了数十万字的读书笔记。这样不仅能够增加了学生的语言积累、培养了学生的朗读能力和语感能力，还可以增强学生对语言的直接感知能力、提升学生的语文素养。

2. 每次习作，我会选择部分同学（尽量不重复）的作文面批精改，字斟句酌地对孩子的习作加以润饰，然后鼓励他们参加各种征文比赛，或者上传到自己的空间。我也同时将这些好的作品上传到家长 QQ 群进行交流展示。学生们很重视这样的机会，他们往往会把这样的机会视为一种荣誉而对老师充满亲近之情。这样的活动与实践使学生们写作的兴趣更加浓厚，愿意主动去写更棒的作品，这样形成良性循环，学生的写作欲望被充分激发，就会一直坚持写下去，成为自发的行为。

调动起学生的积极性，只是代表着学生愿意去学，这是远远不够的，教师要采用各种行之有效的办法来帮助学生更好地走进文本、阅读、积累，最终达到培养学生语文核心素养的目的。

总之，语文活动与实践的开展能激发学生的语文学习兴趣，在丰富语文教学形式的同时，进一步体现学生在教学中的主体地位，对于学生语文潜能的发掘起到了良好的促进作用。教师需要从教学理念、活动形式、实践内容、班级互动等多层面出发，使学生真正在语文活动与实践中受益，拓展学生的语文认知视野，提升学生的语文核心素养。

参考文献

[1] 郭美贤 . 大观念理念下的语文单元学习任务群教学设计与实践研究：以人教版语文必修四第 4 单元 "古代人物传记单元" 为例 [J] . 师道·教研，2020 (3)：209—210.

[2] 叶爱萍 . 小学语文教学中德育素材的挖掘分析 [J] . 当代教研论丛，2019 (10)：56.

（此文荣获 2021 年中语会中南六省论文竞赛一等奖）

9. 数字化实验教学培养高中生化学核心素养的实证研究

林丽珠

摘　要：自 2017 年《普通高中化学课程标准》提出化学核心素养以来，培养化学核心素养迅速成为化学教育界的热门议题。数字化实验，作为技术、信息和教育三者融合的产物，其在化学教学中的重要作用及发展前景毋庸置疑。本文利用实证研究证明了利用数字化实验对培养化学核心素养具有积极的作用。

关键词：数字化实验；化学核心素养；实证研究

一、问题的提出

随着我国基础教育课程改革的不断深化，国家重新定位了高中教育并对人才培养提出新的要求，于 2017 年颁布新版《普通高中课程方案和标准》。其中，《普通高中化学课程标准》明确提出要培养学生五大化学核心素养：宏观辨识与微观探析，证据推理与模型认知，变化观念与平衡思想，科学探究与创新意识，科学态度与社会责任。五大化学核心素养是对三维目标的继承与发展。传统教学难以深入落实该目标，故需要教师推陈出新，建构新的教学模式与方法。

化学是一门以实验为基础的学科，化学实验对化学核心素养的培养至关重要。数字化实验是由计算机，传感器，数据采集器和相关软件组成，也称手持技术、掌上实验等。因其具有便捷、直观、实时和准确等特点，近年来，应用于中学教学的需求在逐年升高。数字化实验，既革新了中学化学实验的仪器与技术手段，又拓展了实验的内容，还催生了实验研究的新方向。数字化实验在培养化学核心素养上能弥补传统实验的局限性，可延伸感官，变原先之不可见为可见，变原先的三重表征为四重表征，使表征更为多元化，能得到更可靠的实验数据并对数据进行更科学地处理。

应用数字化实验进行教学对培养高中生化学核心素养是否有明显的影响？本论文基

于此目的展开研究。本研究对在课堂教学中落实培养化学核心素养提供了新的思路，对于教师的教、学生的学都具有一定的意义。

二、研究的过程

笔者编制学生问卷（前测），了解对照班和实验班学生在化学核心素养认知水平上的差异，为后续的教学实践做下铺垫。在教学实施过程中，以教材内容为载体，选取适当的教学内容，设计了基于数字化实验培养化学核心素养的教学案例并在实验班进行教学实践。而后在实验班与对照班中，运用调查问卷法（学生问卷后测）和口语报告法以反馈教学效果。通过对学生问卷（前测）与后测结果的对比，得出结论。

（一）学生化学核心素养培养现状（学生问卷前测）

1. 调查目的

本问卷希望通过了解高三学生经过 2 年完整化学学科的学习后在化学核心素养构建的情况，调查实验班和对照班的学生在化学核心素养五个维度的构建水平是否存在差异，以便为今后数字化实验是否有利于提高化学核心素养提供问卷（前测）的事实依据，与问卷（后测）对比得出实验效果。

2. 调查对象

笔者选择教授两个班级的学生，学生已完成高中化学所有教材内容的学习，即将进行高考第一轮复习。

3. 问卷编制及设计意图

本问卷设计覆盖五大核心素养，每个维度的素养下又针对水平 1 到水平 3 的要求各设置一道问题，故共有 15 个问题，均为单项选择题。设置李克特量表，每题从不同意、不太同意、中立、基本同意、非常同意角度设立选项。依次赋分为 1、2、3、4、5 分，以此考察学生在学习过程中是否已达到核心素养提出的水平要求。

4. 问卷的信效度检验

表 1 "学生化学核心素养培养现状的调查问卷（前测）"信度摘要表

一级指标	题数	信度系数（α 系数）
A 宏观辨识与微观探析	3	0.753
B 变化观念与平衡思想	3	0.723
C 证据推理与模型认知	3	0.799
D 科学探究与创新意识	3	0.765

续表

一级指标	题数	信度系数（α系数）
E 科学态度与社会责任	3	0.883
整体	15	0.7846

本次数据共涉及五个维度，分别是 A、B、C、D 和 E 维度；使用 Cronbach's α 系数去测量数据的信度质量水平。α 系数值若超过 0.8，说明信度良好；α 系数处在 0.7～0.8 间，说明信度佳；α 系数处在 0.6～0.7 间，则说明信度不高；α 系数低于 0.6，说明信度不被接受。从上表格中可以看到：A、B、C、D 和 E 五个维度的 α 系数值均高于 0.7。本问卷无论从整体还是各级指标的 α 系数来看，均体现问卷内部的统一性较高，表明笔者所编制的"学生化学核心素养培养现状的调查问卷（前测）"具有良好的可信度。

表 2 "学生化学核心素养培养现状的调查问卷（前测）"效度摘要表

KMO 和 Bartlett 的检验		
KMO 值		0.789
Bartlett 球形度检验	近似卡方	404.493
	df	105
	p 值	0

从上表可知，KMO 值为 0.789，超过 0.6，表明数据明显具有效度。经过综合讨论，本研究编制的"学生化学核心素养培养现状的调查问卷（前测）"的良好效度和信度得到证实。

5. 问卷数据处理与分析

本问卷共收到有效问卷 92 份。在此基础上，笔者利用 SPSS 软件分析具体数据，结果如下。

表 3 "学生化学核心素养培养现状的调查问卷（前测）"t 检验结果表

t 检验分析结果						
分析项	项	样本量	平均值	标准差	t	p
成绩	实验组	5	3.2	0.32	0.199	0.848
	对照组	5	3.16	0.34		
	总计	10	3.18	0.31		

注：＊$p < 0.05$，＊＊$p < 0.01$

自变量是班级，因变量是化学核心素养在整体、各级指标的均分，利用独立样本 t 检验的方法去研究实验班和对照班在成绩上的差异性。从上表可以看出：不同组别样本对于成绩全部均不会表现出显著性差异（p>0.05），意味着实验班和对照班成绩全部均表现出一致性，并没有差异性。

（二）教学实施

笔者以自己在高三第一学期新接手的班级，高三（19）（20）班为实验班级进行教学实践。两个班级均为选科教学下，化学生物政治组合的班级。理科思维较弱，接手前化学成绩均偏下等，且不相上下。笔者以高三（20）班作为实验组，教授上述利用数字化实验开展教学的课题，而高三（19）班作为对照组，按照常规教学设计进行教学。部分教学案例策略举例如下。

1. 培养"宏观辨识与微观探析"核心素养

以表 4 为例，阐述数字化实验是如何降低微观表征的难度，提高学生对宏观、微观、符号 3 种表征之间的转换能力，从而培养"宏观辨识与微观探析"素养。

表 4　氧化还原反应教学案例

体现的素养内容	采用的数字化实验策略
宏观辨识与微观探析： 能根据实验现象分析反应的本质，能运用化学符号及图式描述其变化过程，能从微观角度分析同种反应的共性：氧化还原反应有电子的转移。	引导问题："是否只有氧化还原反应存在电子转移?"以下列反应为例，设置对照组实验。 $2NaOH + H_2SO_4 = Na_2SO_4 + 2H_2O$ 利用数字化实验对氧化反应和非氧化反应实验中电流变化进行对比，宏观上观察到有无电流变化，微观上得出结论，氧化还原反应存在电子的转移。

在讲授氧化还原反应内容时，教师常常只是举例子，用语言表达说明氧化还原反应的特征是化合价的变化，因为实质是发生了电子的转移。学生不能从微观角度认识到有电子的转移，所以像用单双线桥表示电子转移的题，学生只是盲目记忆方法。传统的玻璃仪器实验，难以让学生从宏观现象联系微观本质，建立正确的符号表征，若运用数字化实验则可有效解决该问题。教师借助电流传感器进行对照组实验，监测过程中电流的变化（电流可以反映电子的流向），将不可见的电子转化为可视化的电流变化，学生通

过具体的数据，从宏观现象联系微观本质，进而理解单双线桥的符号表征。学生可以明白化学反应可以分为氧化还原反应和非氧化还原反应，它们的区别在于有无电子转移从而引起化合价变化。

2. 培养"证据推理与模型认知"核心素养

以表5为例，阐述数字化实验是如何从微观上和定量上收集充分证据，进行合理推理，从而培养"证据推理与模型认知"素养。

表5 金属的腐蚀与防护教学案例

体现的素养内容	采用的数字化实验策略
证据推理与模型认知： 能从宏微结合角度搜集证据，分析问题，得出解释。将原电池的认知模型应用于金属的腐蚀防护：能从宏观上放热的现象，微观上曲线表达出来的压强变化和氧气浓度变化等证据得出暖宝宝放热快的原因是形成原电池。运用原理模型提出金属的电化学防护方法	在预测暖宝宝发热的原理时， 如何证明暖宝宝中：铁粉被氧化，是 H_2O 还是 O_2 做氧化剂？ 利用压强传感器，测定暖宝宝放热时，装置中的压强变化。 利用氧气传感器，测定暖宝宝放热时，装置中 $O_2\%$ 变化曲线

本节课以探究暖宝宝的发热原理为主线，实则是探究金属的电化学腐蚀原理。进行对照组实验，重点使用氧气和压强传感器来检测暖宝宝和铁粉单独作用时的氧气、压强随时间的变化，从两种数据说明氧气被消耗。推理出铁是被氧气氧化的。对比实验还说明了暖宝宝装置压强减少得更快，是因为形成了 Fe-C 原电池，加快反应速率，而氯化钠是电解质溶液。因为学生已有了原电池的学习基础，此处理解金属的吸氧腐蚀就不难了。实验利用传感器测量极微小量的变化，得到定量的数据，大大提高实验的可信度，这是传统实验做不到的地方。此处不仅结合定量数据和定性分析，还通过对照两种反应的不同特征寻找充足证据，充分运用证据推理的核心素养。

3. 培养"科学探究与创新意识"核心素养

以表6为例，阐述数字化实验是如何利用其多样化的传感器，进行有效的探究实验，从而培养"科学探究与创新意识"素养。

表6　影响化学反应速率的因素教学案例

体现的素养内容	采用的数字化实验策略
变化观念： 形成化学变化是有条件的观念，认识反应条件对化学反应速率的影响。 **模型认知：** 能应用控制变量法的实验模型，设计相关实验。 **科学探究与创新意识：** 具有问题意识，能发现问题后，对问题的解决提出可能的假设，依据假设设计实验方案，基于事实得出结论：在探究温度因素的实验中发现的反常现象，通过色度计再次设计实验方案，解决问题	在实验探究影响速率的因素时，用控制变量法，利用温度传感器、色度计探究温度、浓度、催化剂等因素对速率的影响。 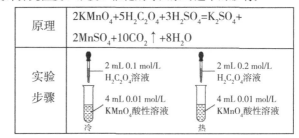 利用数字化实验中的色度计和温度传感器进行实验，使数据更为准确、科学。得出影响速率的因素这一结论更为可靠。且在探究温度因素实验过程中发现的反常现象，通过色度计再次设计实验探究、解决问题。

其中表格内部图示：

原理	$2KMnO_4+5H_2C_2O_4+3H_2SO_4=K_2SO_4+2MnSO_4+10CO_2\uparrow+8H_2O$
实验步骤	2 mL 0.1 mol/L $H_2C_2O_4$溶液　　2 mL 0.2 mol/L $H_2C_2O_4$溶液　4 mL 0.01 mol/L $KMnO_4$酸性溶液（冷）　4 mL 0.01 mol/L $KMnO_4$酸性溶液（热）

在探究温度对反应速率的影响时，出现了反常的实验现象。在冷的高锰酸钾溶液的反应曲线中，变化速率却是逐渐变快的。激起学生探究欲望，依次排除影响，锁定可能是反应放热，温度升高影响，可能是产生 Mn^{2+} 起催化剂作用，接着进行科学探究的一般步骤：提出猜想，设计实验，验证猜想，得出结论。运用温度传感器和色度计进行实验，能够在学生质疑时，将新的实验设想付诸实施成为可能。而且得到的科学数据，解释结论科学可信。这就是数字化实验准确、可视化的数据对准确进行科学探究实验的必要性和优势。

4. 培养"变化观念与平衡思想"核心素养

课题"影响化学反应速率的因素"除了能利用数字化实验培养学生的科学探究与创新意识之外，同样还能发展学生的变化观念与平衡思想上的核心素养。在探究温度、浓度对反应速率的影响时，在对照实验中共同运用色度传感器得出既简单又可视化的曲线数据，使学生能够理解条件对化学反应速率的影响，且结论科学可信。

5. 培养"科学态度与社会责任"核心素养

基于上述分析，数字化实验具有准确、数据可视化等优点，进行科学探究实验具有必要性和一定优势。笔者可以认定，在培养学生运用化学知识解决实际生产生活问题的能力上，培养学生科学态度与社会责任的核心素养上，数字化实验同样不可或缺。因为数字化实验给学生插上了想象的翅膀，能为学生将设想的实验解决方案变成事实提供技术支撑。

（三）教学效果评价

笔者所教年级，目前还是采用旧教材，新高考的模式。但偶然阅读高中化学新教材，发现新教材中正慢慢地向学生渗透着将数字化实验应用于化学中的思想。比如在化学必修第一册"氯及其化合物"课题中，在"科学·技术·社会"这一专栏里就呈现了用数字化实验验证次氯酸光照分解产物的实验。介绍了数字化实验的组成，操作步骤，数据曲线分析等内容，具体如图1。

⬣ 科学·技术·社会

验证次氯酸光照分解产物的数字化实验

数字化实验将传感器、数据采集器和计算机依次相连，采集实验过程中各种物理量（如pH、温度、压强、电导率等）变化的数据并记录和呈现，通过软件对数据进行分析，获得实验结论。也就是说，数字化实验是利用传感器和信息处理终端进行实验数据的采集与分析。

验证次氯酸光照分解的产物可以设计成数字化实验。实验步骤如下：（1）将pH传感器、

氯离子传感器、氧气传感器分别与数据采集器、计算机连接；（2）将三种传感器分别插入盛有氯水的广口瓶中；（3）用强光照射氯水，同时开始采集数据。此实验可以测定光照过程中氯水的pH、氯水中氯离子的浓度、广口瓶中氧气的体积分数这三者的变化，并通过计算机的数据处理功能将这些变化显示在计算机屏幕上（如图2-16）。通过对数据进行分析，最终可验证次氯酸光照分解的产物。

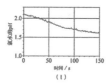 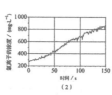 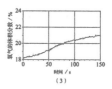

图2-16 光照过程中氯水的pH、氯水中氯离子的浓度、广口瓶中氧气的体积分数的变化

图1 新教材中数字化实验内容

化学必修第二册"化学反应速率与限度"课题中的课后习题呈现了一道数字化实验的习题，如下：

某课外实验小组利用压强传感器、数据采集器和计算机等数字化实验设备，探究镁与不同浓度盐酸的反应速率，两组实验所用药品如下：

序号	镁条的质量/g	盐酸	
		物质的量浓度/（mol·L⁻¹）	体积/mL
1	0.01	1.0	2
2	0.01	0.5	2

实验结果如下图2所示。

（1）试说明该图中曲线的含义。

（2）结合实验条件，分析两条曲线的区别。

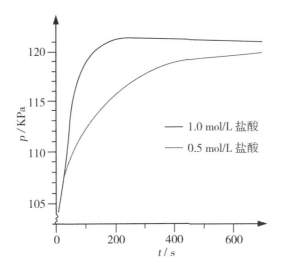

图 2　新教材中有关数字化实验的习题

由新教材中呈现的两幅有关数字化实验的内容，可以窥见数字化实验正慢慢被推广至中学化学教学。新教材和新课程标准正逐步开始要求学生具备数字化实验的操作能力以及数据图像曲线分析能力。基于上述发现，笔者利用上述图 2 习题对学生采用口语报告法收集定性数据，反馈教学效果。

1. 学生口语报告结果分析

本测试题选用实验班和对照班各两名成绩中等的学生进行测试，笔者采用文本形式完整地记录他们的思维过程与答案，文本如下所述。

对照班学生 1

答案：

①等质量的镁条在不同压强下分别与等体积的 1 mol/L 的盐酸和 0.5 mol/L 盐酸产生氢气的速率。

②1 mol/L 的盐酸比 0.5 mol/L 盐酸的曲线反应速率更快，斜率更大，并由于是等体积的盐酸，所以 1 mol/L 的盐酸中盐酸的物质的量比 0.5 mol/L 盐酸多，所以曲线更高。

对照班学生 2

思维过程：

首先看题干信息，提取"镁与不同浓度盐酸反应的速率"为实验目的，接着看表格，横向、纵向判断，控制变量为盐酸浓度来进行实验，再接着看曲线，随着压强的增大，1 mol/L 的盐酸先比 0.5 mol/L 盐酸与镁反应完成。可以得出结论浓度较大的盐酸与镁反应速率较快。

答案：

曲线含义：①随着压强的增大，盐酸反应速率变化情况；②不同曲线代表不同浓度的盐酸。

曲线区别：1 mol/L 的盐酸与镁的反应速率较快，图中呈现出 1 mol/L 盐酸反应完全时间较短，先"拐"，而 0.5 mol/L 盐酸后"拐"，即盐酸的物质的量浓度越低，与镁反应的速率越慢。

实验班学生 1

答案：

①不同浓度，随时间的进行，体系中压强的变化是由于气体的改变而改变。

②绿色曲线的盐酸浓度大，压强增加较快，因此反应速率较快；红色曲线的盐酸浓度小，压强改变较慢，反应速率慢。

实验班学生 2

思维过程：

①根据反应原理，反应产生 H_2，与图中的压强联系起来，随着反应的进行，氢气不断产生，图中压强也随之呈现增大趋势，印证判断正确；

②观察图中两条曲线的起点，拐点与终点，易得绿色曲线的盐酸更快达到更大的压强，是因为氢离子浓度大，加快反应速率。

答案：

①随着镁与盐酸反应的进行，氢气含量逐渐增大，压强逐渐增大。同时氢离子浓度随反应进行不断下降，产生氢气的速度减慢，曲线变得平缓，经一段时间后反应完全，压强不再变化。

②红色曲线比绿色曲线到达反应终点所需时间更长，因为氢离子浓度较小。红色曲线反应的最终压强稍低于绿色曲线，因为氢离子的数目较少。

通过上述对比分析可知，对照班的同学无法正确判断曲线的自变量与因变量，无法根据实验目的，及曲线两变量的变化关系推理实验结论，图像技能弱，曲线分析，证据推理能力弱。而实验班同学能判断自变量与因变量的关系，知道纵坐标压强是反映不同浓度盐酸与镁反应速率差别的证据所在。只不过在语言表述上存在不准确的问题。通过两组对比，可以知道数字化实验对学生的图像技能，曲线分析，逻辑推理能力的提高有所帮助。

2. 学生调查问卷（后测）

（1）问卷编制及设计意图。

本问卷设计和问卷（前测）结构和内容上大体一致，每个维度的素养下针对水平 1 至水平 3 的要求各设置一道问题，只不过对问题描述的语言有所差异。

（2）问卷的信效度检验。

表 7　"学生化学核心素养培养现状的调查问卷（后测）"信效度摘要表

一级指标	题数	信度系数（a 系数）
A 宏观辨识与微观探析	3	0.772
B 变化观念与平衡思想	3	0.703
C 证据推理与模型认知	3	0.912
D 科学探究与创新意识	3	0.847
E 科学态度与社会责任	3	0.894
整体	15	0.8256

本次数据共涉及五个维度，分别是 A、B、C、D 和 E 维度；使用 Cronbach's α 系数去测量数据的信度质量水平。α 系数值超过 0.8，说明信度佳；α 系数介于 0.7～0.8 间；说明信度较高；α 系数介于 0.6～0.7，说明信度可接受；α 系数小于 0.6，说明信度不被接受。从上表格中可以看到：A、B、C、D、E 五个维度的 α 系数值均高于 0.7。本问卷不论从整体、各一级指标的 α 系数均显示本问卷内部一致性程度良好，证明笔者所编制的"学生化学核心素养培养现状的调查问卷（后测）"具有良好的可信度。

表 8　"学生化学核心素养培养现状的调查问卷（后测）"效度摘要表

KMO 和 Bartlett 的检验		
KMO 值		0.82
Bartlett 球形度检验	近似卡方	630.727
	df	105
	p 值	0

从上表可知 KMO 值为 0.820，高于 0.6，表明着数据具有效度。经过综合讨论，本研究编制"学生化学核心素养培养现状的调查问卷（后测）"有良好的效度和信度得到证实。

（3）问卷结果分析。

本问卷发布后共收到有效问卷 92 份。在此基础上，笔者利用 SPSS 软件分析具体数据，结果如下。

表9 "学生化学核心素养培养现状的调查问卷（后测）" t 检验结果表

t 检验分析结果						
分析项	项目	样本量	平均值	标准差	t	p
成绩	实验组	5	4.01	0.15	5.527	0.001＊＊
	对照组	5	3.24	0.28		
	总计	10	3.63	0.46		

注：＊ $p < 0.05$，＊＊ $p < 0.01$

自变量是班级，因变量是化学核心素养在整体、各一级指标的均分，利用独立样本 t 检验的方法研究实验班和对照班在进行一学期的教学实践实验之后核心素养水平上的差异性。从上表可知：不同组别样本对于素养水平表现出显著性差异（$p < 0.05$），意味着实验班和对照班素养水平有着差异。具体对比差异可知，实验班的平均值（4.01），会明显高于对照班的平均值（3.24）。总结可知，不同组别样本对于素养水平全部均呈现出显著性差异，实验班显著高于普通班。

三、研究结论

针对学生化学核心素养的认知水平情况，笔者设计了调查问卷的前测和后测，问卷前测的结果显示在教学实验前实验班和对照班对核心素养的认知水平并无差异性，表现出一致性。经过一学期的数字化教学实验，问卷后测的结果显示实验班和对照班的认知水平情况出现了显著性的差异。本研究认为将数字化实验运用于教学中对培养学生核心素养有积极作用。

数字化实验设备相对于传统实验而言的技术优越性，可以拓宽教师的教学内容，使之更为灵活开阔，可与实际生活接轨，有利于提高学生解决真实问题的能力，培养社会责任素养；可以变微观之不可见为可见的宏观现象，为学生提供看见微观世界的眼睛，培养宏观辨识与微观探析素养；可以转变学生的学习方式，为学生开展研究性学习提供技术手段，培养学生科学探究与创新意识素养，同时锻炼学生图像分析和数据处理能力，培养证据推理等素养。故数字化实验对培养学生化学核心素养是有积极意义的。

参考文献

[1] 中华人民共和国教育部 . 普通高中化学课程标准（2017 年版）［M］. 北京：人民教育出版

社，2018.

［2］潘洪涛．数字化综合理科实验室的硬件和软件［J］．现代教学，2005（11）：31-32.

［3］钱扬义．在掌上实验室探究酒精灯火焰温度：得出不同的结论［J］．化学教育，2003（1）：39-41＋21.

（此文荣获 2020 年度海南省基础教育创新研究与实践论文评选一等奖）

10. 高中通用技术学科核心素养在课程教学中的落实

——以"简单结构的设计"为例

黄 娟

摘 要：2017 年新一轮高中课程改革后，进一步明确了学科的教育定位，优化了课程结构，凝练了学科核心素养。作为一线教师，需要深入研读学习相关文件、资料、书籍，对通用技术学科核心素养的五个方面进行充分解读，并与学生的课堂活动紧扣在一起，挖掘其内涵。核心素养的养成不是一蹴而就，是需要老师通过合理的教学活动规划、学生通过科学的学习方式逐步实现的。学生最终成为有理念、会设计、能动手、善创造的社会主义建设者和接班人。

关键词：通用技术学科；核心素养；课程教学

在通用技术学科经过十多年的从无到有的发展过程后，我国已建构了一套与时俱进的具有中国特色的高中技术课程体系，发展了以技术素养培养为核心的高中通用技术课程价值结构，探索了多元并举的高中通用技术课程开设与教学实施模式。2017 年普通高中新的课程标准实施，作为一线老师，对通用技术学科核心素养深入研究学习后，应在课程教学中落实通用技术学科核心素养。本文以必修 2 中"简单结构的设计"一节为例，通过具体的教学情景，谈谈技术核心素养在教学中的落实。

一、对通用技术核心素养的认真解读

学科核心素养是学科育人价值的集中体现，是学生通过学科学习而逐步形成的正确价值观念、必备品格和关键能力。通用技术学科核心素养主要包括技术意识、工程思维、创新设计、图样表达、物化能力五个方面。我认为在项目完成过程中技术意识、工程思维、创新设计、图样表达、物化能力是技术活动的一个线性发展进程。这五个方面的素养是学生在设计的过程中更深层次的体现，五个方面并非机械的、完全独立的素养，而是相互联系、相互影响，在学生的学习行进过程中是反复螺旋上升的。通过通用技术学科课程实施，最终让学生形成一种综合性、整体性的核心素养。

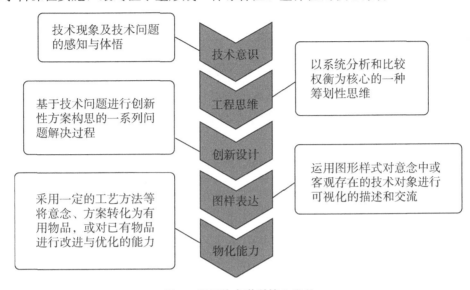

图 1　通用技术学科核心素养

二、如何在"简单结构的设计"教学活动中落实核心素养

（一）教材、学情解析

"简单结构的设计"是通用技术必修 2 第一单元第三节的内容。"结构与设计"这一单元分为四小节内容，以对结构的"认识—探析—设计—欣赏"为主线展开。从陈述性知识回答"是什么""为什么"的问题过渡到程序性知识回答"怎么办"的问题。学习进展到第三节"简单结构的设计"，需要为学生提供一个机会，继续对前面章节涉及的结构与力、结构的类型、结构的稳定性、结构的强度等知识进行延续学习。让理性知识与经验知识互补。在之前必修 1 的学习结束后，学生已经掌握了设计的一般过程，也对简单的工艺加工有所认识，可以进行简单的金工、木艺操作，但还缺乏锻炼和反思。老师所传达的语言、文字、图片、理论、数字等显性知识是可以通过推理过程获得，也能够通过理性加以反思和批判的，但还有部分知识不是能通过系统讲解完成的，而是需要身体的感官或理性的知觉获得，需要创设符合学生学情、能力的实践情景，让学生在实践操作中获取这一部分隐性知识。

（二）对技术问题的感知与体悟

简单结构的设计，关键在于简单结构——"载体"的选择。教材上的设计载体是简易相片架的设计制作，就现在高中生的经验和社会技术发展的日新月异的状况，如果直接给出非常具体的设计方案，会让学生难以得到发散性思维的锻炼。学生已具备一定的不算太深厚的技术现象的存在感、技术发展的历史感、技术使用的道德感、技术评价的价值感、技术问题的敏锐性。对于新课的引入还是需要预留一些空白，让学生发挥自己对当下技术的感知与体悟。所以这一课的引入是这样展开的：空调外挂机支架、相框支架、红酒支架、平板电脑支架、摄像机支架等等，生活中有许多情况是需要一个支撑的架子。让小组选择两种支架讨论：1. 两种的特点；2. 支架的功能；3. 支架的加工材料和加工工具；4. 支架的使用环境；5. 就学校现有的工具，你们小组准备设计制作哪一个支架。

空调外挂机支架需要非常牢固、结实。在材料的选取必须是强度好、能承重的材料，尤其对于连接点的连接方式要选对。不能采纳焊接的方式，因为是架子要和墙体连接。如果是高层楼房安装需要操作人员的资质,普通人不能去随便操作……

平板电脑支架，这个我需要！平时使用平板电脑就觉得拿在手里挺费劲的。我们专用教室的工具好像就可以自己制作这样的架子……

红酒支架?没见过诶,是放一支红酒还是几支红酒呢?直接装在一个箱子里不就行了,红酒支架是不是有什么讲究呢?……

楼梯算不算支架？楼梯还分为可以靠墙使用的与不需要倚靠墙使用的？有区别吗？很多材料都可以制作楼梯，铝合金、竹子、木头……

相框架！这个应该简单，课本上有现成的方案。……

摄像机的支架，我见过。摄像记者要随时携带，材料不能太重。支架使用时要能稳定地放置，保证摄像画面不抖动。感觉我们高中生可能做不出来……

图2 讨论片段

这样的讨论活动一方面有助于学生对即将要进行的实践活动有一个预备的过程和理性的分析，同时对当下时代的技术产品的客观存在也能有深层次的了解。帮助学生以良好心态参与技术活动，以民主的方式参与有关技术讨论。对于不了解的相关内容可以鼓励学生采取多种形式、途径去完成信息收集的工作。这另一方面也有助于学生对技术问题、技术现象的思考。

（三）系统地分析、比较、筹划

学生面对若干个简单结构的设计项目，到底要选择完成哪一个？这时候老师得适当引导让学生尽快确定好制作项目。明确学校通用技术专用教室每个小组的设备有：角尺、铅笔、手锯、木工锯、线锯、羊角锤、锉刀、凿子、手持电钻；提供的材料：木板（37 mm×230 mm×3 mm）两块、木条（500 mm×20 mm×20 mm）、木条（500 mm×20 mm×8 mm）两根；小零件：圆头自攻螺丝、铁钉、螺栓螺母＋垫片、螺杆＋元宝螺帽若干。

基于这样的实践条件，同学们经过比较筹划，经过民主讨论，确定设计制作"平板电脑支架"这一项目。为了便于让同学们有统一的评判指标，老师给出了设计要求：1. 可以放置平板电脑，平板电脑尺寸：宽 256 mm×高 175 mm×厚 10 mm；2. 支架可以稳定摆放在桌上，结构牢固，支架的支撑角度可调；3. 不用的时候可以折叠起来，方便携带。每个小组需要提交：1. 制作成品；2. 设计方案（绘制结构草图并配上必要的设计说明）。提示：所提供的材料工具不一定都要用上或用完。

有了之前的讨论为基础，老师进一步明确了设计要求和实践条件，学生就有了准确的方向和定位。小组成员可以进行更为详细的讨论，更好地分析筹划。在有限的条件和设备，一定的加工材料下，想法不再是天马行空的设想，而必须慢慢落地践行了。同学们之前学习了关于结构的理论知识，现在就是把各种实际的因素考虑详尽，收集相关的资料，运用科学的方法，形成一个或多个备选方案。

（四）基于问题进行创新方案构思的过程

创新设计是指基于技术问题进行创新性方案构思的一系列问题解决过程，蕴含着信息意识、审辩式思考、开放性想象、多元性建构等内容。它一般包括发现与明确问题、方案构思、方案优化等过程。创新设计并不仅是简单的突发奇想，更多时候还是基于合理的统筹规划形成的个人或团队独有的成果。创新方案构思过程很多时候是以对技术的感知与体悟为基础，就现有条件和实际情况不断地分析、比较、统筹，这个过程中也有推翻、重来，在头脑中不断地闪烁着智慧，又使个人和团队对技术产生更为深刻的感知与体悟。

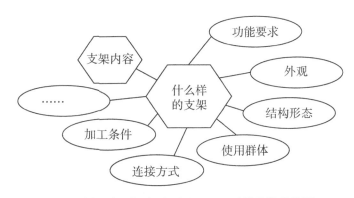

图3 学生进行"平板电脑支架"设计的发散思维图

简单结构设计——"平板电脑支架"，从支架过渡到平板电脑使用的支架，确定具体的项目功能要求，以问题为出发点，根据已有资源资料和个人团队的认知展开发散思维，可以展开或颠覆式的或保守式的设想，最终目的是解决的具体问题。有了这样的根基和抓手，不会让设想变成幻想，牢牢地让同学们记得所有的构思、设想都是为解决问题服务。

在这个过程中小组团队学会发现和挖掘用户需求，明确值得解决的技术问题，并能判断是否具备解决问题的技术能力和条件；能够根据设计要求和制约条件，运用问题解决、创造性思维、空间想象、批判性思考和推理等策略，采用统计、测量、绘图、建模、试验等设计方法和常用的创新技法，提出各种可能的构思方案；能根据设计要求和制约条件制定设计方案，并通过性价比分析、可靠性分析和风险评估等，综合考虑功能、成本、人机工程学、美学、伦理、经济、社会、文化等多种因素，不断地改进设计方案，形成创新设计能力。

（五）运用图样形式对意念或对象进行可视化的描述和评价

图样是一种重要的技术语言，是根据投影原理、标准或有关规定，表达意念中技术对象的图形样式。在技术实践活动中，设计者通过图样来表达设计对象和交流创意，制作者通过图样来了解设计要求和制作对象，使用者通过图样了解技术产品的结构和性

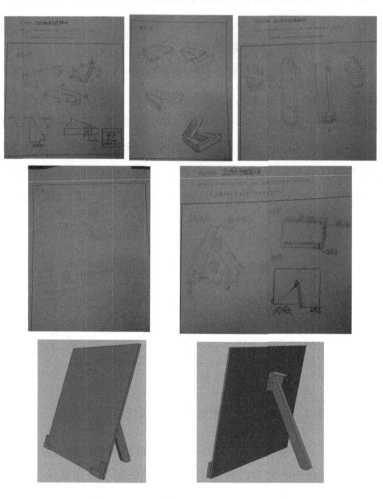

图 4　草图和效果图展示

能，进行操作、维修和保养。图样成为沟通技术创造者、使用者、管理者、评价者的社会媒介。对此，我们要帮助学生体会技术语言的重要性，形成常见技术图样的识读与绘制能力。同学们在必修 1 中已初步掌握了图样绘制的方法，知道使用草图、正等轴测图反映设计效果、用三视图用于加工表达，充分利用可视化描述自己的设计对象。部分同学有绘制出不够规范的绘制图样的情况。这一次活动又使学生的图样表达的技能得以反复练习，积累经验。同时还可以使用绘图软件辅助学生实现可视化的描述。

（六）将方案转化为物品

物性是技术的基本维度。就技术的"始基"来说，如果没有对包括自然物质、能量等在内的纯粹自然物的利用和加工与再加工，没有对人工物的制造与再造，或者没有运用人工物对人类信息、意识等的物质化的收集、加工、分析和处理，就根本谈不上技术。让学生在亲手操作、亲历情境、亲身体验的过程中，发展一定的工具使用、材料加工和工艺选择与实施能力，养成一定的材料规划意识；经历模型或产品的制作、装配、调试的方法，体验意念具体化和方案物化过程中的复杂性和创造性，发展学生的问题解决能力和动手实践能力。同时，在物化实践过程中，还能培养学生严谨细致、精益求精、勤俭节约、百折不挠的工匠精神和劳动品质。

图 5　学生操作及作品图

（七）评价、反思、总结

通用技术课程的评价提倡学习结果与学习过程的统一。既关注学生技术知识掌握、实践技能习得、技术作品形成等，也关注学生技术思想方法、情感态度和价值观的发展情况。还关注学生技术学习活动中技术经验的积累、原理的运用、方法的融合、设计的创新、技能的迁移、文化的感悟等，努力实现教、学、评三者的有机统一。

就"简单结构的设计——平板电脑支架"这一项目而言，学生完成后应当对整个活动过程和活动成果进行评价。对于作品成果的评价容易直观地反映，但对于活动过程的评价，一方面学生容易忽略，另一方面对于过程性评价，每个活动小组更多地是要引起团队自身的反思。可以引导学生在作品完成且作品评价完成后，提出"为什么有的小组作品精美、实用，有的小组作品粗糙、简陋？同一个班的同学差距咋这么大呢？"让每个小组展开对此次项目的反思总结活动。通过表格的形式更为直观地反映实际情况。

平板电脑支架成品评价表

评价角度	程度评价	评价说明
能否稳定的放置在桌面上	优□ 良□ 中□ 差□	
结构是否牢固	优□ 良□ 中□ 差□	
能否折叠或收纳	优□ 良□ 中□ 差□	
是否方便携等	优□ 良□ 中□ 差□	
边角是否锋利	优□ 良□ 中□ 差□	
做工线条是否整齐光滑	优□ 良□ 中□ 差□	
结构是否创新	优□ 良□ 中□ 差□	

设计制作平板电脑支架活动过程回顾表

评价角度	小组成员				细节描述
	1	2	3	4	
讨论参与度					
创意发起者					
作图					
加工流程图					
加工操作					
操作过程中是否规范使用工具					
成品测试					
优化					

图6 设计评价表

三、以学科核心素养为引领变革教学活动

课堂教学活动是教师对课程实施，对学生进行学科知识传递的主要的平台。应采用基于"做中学、学中做"的理念创设技术实践的学习情境，包括"基于问题""基于任务""基于项目"等活动，应从通用技术的学科特征和高中学生的特点出发，以学科核心素养为引领，进行学生学习方式、老师教学方式的变革。

在这样一个令人激动、充满挑战的时代，我们的学生应该具备技术领域的五大素养，成为有理念、会设计、能动手、善创造的，能够具有数字化学习能力、创造美好生活和担负民族复兴大任的一代新人。

参考文献

[1] 中华人民共和国教育部. 普通高中通用技术课程标准（2017年版）[M]. 北京：人民教育出

版社，2018.

[2] 顾建军. 在技术重塑世界版图时代：学生应具备技术领域五大素养 [N]. 中国教育报，2018—10—10（9）.

[3] 顾建军. 技术的现代维度与教育价值 [J]. 华东师范大学学报（教育科学版），2018，36（6）：1—18+154.

（此文荣获 2019 年海南省中小学教育教学论文评比一等奖）

11. 高中化学必修一第四单元教学中核心素养的渗透策略研究

黄冠群

摘　要：本文以人教版高中化学必修一第四单元为研究对象，探讨如何将高中化学核心素养渗透到教学中，提出相应的教学策略与方法。通过文献研究和教学实践，本研究旨在提升学生的化学学科素养，培养学生具备科学探究与创新意识，培养学生形成科学态度与承担社会责任。研究结果表明，本文提出的核心素养渗透策略对提高学生的化学学科素养具有积极的推动作用。

关键词：高中化学；核心素养

一、研究背景

高中化学是培养学生科学素养的重要学科之一，是为学生进一步发展提供基础的学科。现行的高中化学教学，主要以化学知识为主导，教师更注重知识体系的科学性和系统性，对学生的化学思维素养、跨学科综合创新素养、正确的情感、态度和价值观等学科素养的培养比较忽视。教师重视章节知识结构主体以及学生对知识点的掌握，而忽视了大单元思想的宏观调控以及学生发展的最终目标。

随着教育改革的深入，基于核心素养下的新教材也发生了很大的变动，新的课程标准强调学科核心素养的培养。高中化学核心素养包括宏观辨识与微观探析、证据推理与模型认知、变化观念与平衡思想、科学探究与创新意识、科学态度与社会责任等五个方面。如何在教学中合理运用教材和素材，体现学科核心素养，成为当前教育研究的重要内容。

二、高中化学必修一第四单元的内容及作用

人教版高中化学必修一第四单元涉及以下三个方面的内容：原子结构与元素周期表、元素周期律、化学键。通过这三个方面的学习，学生可以掌握原子结构的基本知识，理解元素周期表的构建原理，掌握元素周期律的规律性，以及了解化学键的类型和性质。

第四单元作为必修一的最后一个单元，贯穿整个必修，起着承上启下的重要作用。它揭示了元素之间存在的联系，摆脱了元素聚合物知识的零散庞杂，在化学知识系统化过程中起到重要作用。充分体现了事物由量变引起质变的规律，培养了学生通过实验事实分析归纳的能力。对于元素周期律和周期表的探索，发展了学生对元素观的认识，有助于对学生进行科学方法培养，是指导我们探索物质性质的研究，是预言和指导新元素新材料的发现的学习化学的重要工具。

三、研究成果及意义

在高中化学教学中，如何将核心素养渗透到教学实践中是一项重要任务。在本单元的教学实践中，主要落实"宏观辨识与微观探析""证据推理与模型认知""科学探究与创新意识"和"科学态度与社会责任"四个核心素养。下面我结合本单元的实际课堂教学内容作为案例，具体说明落实和体现核心素养的策略。

（一）宏观辨识与微观探析的教学策略

1. 通过实验和观察引导学生关注宏观现象，启发学生发现化学问题。

2. 设计问题情境，引导学生从微观角度分析化学现象，揭示物质变化的本质。

3. 运用多媒体、模型等辅助教学手段，帮助学生形象地理解原子和分子层面的知识。

课堂实例一：以"化学键"第一课时为例

设计问题情境，教师让学生关注宏观的现象：加热至100℃时，水会沸腾变成水蒸气；加热至2 200℃以上时，水会分解。引导学生从微观的角度思考问题：为什么使水分解需要加热到2 200℃以上，而使水沸腾只需要加热到100℃？让学生认识到水分子间存在相互作用；水分子内原子间存在相互作用；水分子内原子间的相互作用不同于分子间的相互作用，这种相互作用很强。

多媒体辅助教学：在讲解氯化钠的形成过程时，教师让学生画出钠原子与氯原子的原子结构示意图，并让学生运用原子结构原理和模型，自主分析氯化钠的形成过程，引

导学生从微观的角度分析宏观的化学现象。最后教师运用多媒体展示微观视角的过程，让学生更直观、形象地了解原子、离子、离子化合物的形成过程，并且落实宏观辨识与微观探析的核心素养。

课堂实例二：以"元素周期表"第三课时为例

课堂实验探究：在探究钠与钾的性质比较时，先引导学生运用原子结构的原理分析微观粒子的得失电子能力，再预测钠、钾与水反应的现象，小组讨论并设计实验。教师组织学生讨论实验方案，学生按照实验方案进行操作。在实验过程中，学生需要关注实验现象，运用宏观辨识与微观探析等技巧来观察和记录实验结果。

（二）证据推理与模型认知的教学策略

1. 设计基于实验数据、现象和信息的推理活动，培养学生运用实验证据进行推理的能力。

2. 引导学生建立和运用化学模型，如原子模型、化学键模型等，解释和预测化学现象。

3. 提倡合作学习，鼓励学生在小组内交流推理过程，共同建构化学知识。

在整个单元的学习中，从模型建构入手，要求学生达成系统地构建模型体系，并运用模型进行逻辑思维和证据推理，从而达到新的模型构建的目标。"证据推理与模型认知"的核心素养不仅仅体现在某一节课的教学中，而是一直在贯穿整个单元的教学中。学生从开始构建原子结构模型，到运用原子结构模型解释和预测物质的性质，找到同周期、同主族元素之间的递变性，进一步巩固和发展"位—构—性"的认识模型，完善从原子结构到元素性质再到物质性质的推理过程。

课堂实例一：以"元素周期表"第三课时为例

设计问题情境，从元素周期表引入，帮助学生回忆原子结构模型，并提出问题：

1. 元素周期表中的元素可分为三类，分别是金属元素、非金属元素、稀有气体元素，这么分类的标准是什么？

2. 这些元素原子在发生化学反应时，一般如何达到稳定结构？通过问题引发学生思考，运用逻辑推理了解最外层电子数与化合价之间的关系，能从原子结构角度判断元素原子的化合价，为后面转变学生认为"最外层电子决定元素原子的得失能力"奠定基础。

课堂实验探究：让学生运用原子结构模型，预测比较 Na、K 两种元素原子失电子能力的强弱，并从原子结构的角度说明理由。学生根据自己的猜想以小组的形式设计实验方案、分享实验方案、讨论实验方案，最后根据最优的实验方案进行实验，观察并记录实验现象，以实验作为证据辅助，让学生理清当核电荷数、电子层数对得失电子能力影响结果不一致时，以电子层数影响为主，确定要素影响的主次顺序。从实验结论看，学生构建了结构决定性质的新模型。再运用新的模型去比较 Na 与 Mg、K 与 Mg 失电子能力强弱，再次设计实验，验证自己的猜想。利用初步形成的思维模型解决问题，既要有比较元素性质的视角，又有原子结构分析的视角，使证据推理和模型认知的素养得到深化和提升。

课堂实例二：以"元素周期律"第一课时为例

教师布置了几个任务：1. 请同学阅读课本 101—102 页表格元素化合价一栏的数据，找出元素化合价的变化规律，并运用已有的原子结构知识进行分析。2. 请同学们分析数据比较钠原子与镁原子半径大小，并解释原因。通过任务导向，学生分析数据，并调用上节课形成的"构—性"关系模型，从原子结构角度论证化合价的变化，并解释原子半径的递变规律。从而建立原子结构与化合价、原子半径的关系模型，并应用模型解释元素的原子半径大小关系。

课堂实验探究：比较同周期元素的递变规律，让学生比较镁和铝的金属性强弱。引导学生调用"构—性"关系模型分析和预测镁、铝金属性强弱。同时回忆同主族元素金属性的比较方法，设计实验方案比较的金属性。再次通过小组分享、讨论、实验的方式，从感性认识上升到理性认识，通过实验现象探析本质原因。探究同周期元素失电子能力的递变规律，增加"物质性质"要素，建构"位—构—性"三维模型。

本单元学生通过原子结构和元素周期表的关系，构建"位—构"模型，又通过寻找原子序数与元素性质之间的规律活动和从原子结构角度论证元素周期律的任务，发展学生"位—构—性"的认知模型，从而提升分析问题、推论预测、解决问题的能力。

（三）科学态度与社会责任的教学策略

1. 强调科学精神，培养学生客观、理性、求真的科学态度。

2. 引导学生关注化学与社会、环境和健康的关系，培养学生的社会责任感。

3. 让学生自主查阅资料，了解元素周期表的相关应用以及对科学的贡献，帮助学生形成正确的价值观。

课堂实例：以"元素周期表"第二课时为例

教师首先引导学生通过将元素卡片按不同的标准进行排列，模拟科学家探究并总结出元素周期表的过程。小组讨论与实践，让学生初步尝试和了解元素的排列；教师引导学生思考如何将元素卡片进行排列；教师可以提醒学生参考原子序数、相对原子质量等信息，尝试按照不同的标准进行排列。在此过程中，学生需要运用宏观辨识与微观探析的能力，观察元素间的规律，并进行推理和归纳。每个小组完成排列后，由组长向全班同学分享他们小组的排列方法和发现的规律，以便找出最佳的排列方式，构建周期表的初步模型。教师可以播放元素周期表发展史的相关视频，让学生进一步了解元素周期表的发展历程和现代元素周期表的结构。

通过以上教学策略，学生不仅可以在动手操作中加深对元素周期表的理解，还能够体验到科学家们在发现元素周期表的过程中所付出的努力和智慧。通过后期的不断学习，学生更了解到周期表在元素聚合物的学习中起到非常重要的作用。这将有助于激发学生的学习兴趣、积极性以及学生的社会责任感。教师还可以关注学生在活动中的合作与交流能力，培养学生的团队协作精神和科学态度。

（四）科学探究与创新意识的教学策略

1. 设计开放性的探究任务，引导学生运用科学方法开展化学探究。

2. 鼓励学生在探究过程中提出新颖的观点和解决方案，培养学生的实践能力和创新意识。

在"元素周期表"第三、四课时和"元素周期律"第一、二课时中，都运用到让学生预测物质性质－设计实验方案－讨论实验方案－进行实验－分析实验数据－讨论总结的过程，在这些过程中都充分体现和落实了学生的核心素养。

课堂案例：以"元素周期律"第一课时为例

实验设计：教师将学生分为若干小组，引导学生自主设计实验方案，以探究第三周期金属与非金属的递变规律。学生需要结合已有的理论知识，利用科学探究与创新意识，设计合理的实验方案。这一过程可以锻炼学生的实验技能和团队协作能力。

实验方案讨论：在学生设计完实验方案后，教师组织全班师生讨论各个实验方案的可行性。教师要鼓励学生积极发表观点，培养学生的科学态度和团队协作能力。同时，教师要关注学生在讨论过程中所表现出的社会责任意识。

实验操作：在经过讨论后，最终选定一个实验来进行——氢氧化镁、氢氧化铝分别与稀盐酸、氢氧化钠溶液的反应。在教师的监督下，学生按照实验方案进行操作。教师应及时给予指导和帮助，关注学生的实验操作和安全意识。

数据分析与结论：实验完成后，学生需要对实验数据进行分析，并得出结论：氢氧化镁具有两性——金属铝体现出一定的非金属性，从而得出金属性：$Mg > Ai$。这一过程有助于培养学生的数据分析能力和科学探究意识。

小组讨论与总结：学生在小组内进行讨论，分享实验过程中的观察和心得，以及对实验结果的理解。这一环节可以帮助学生巩固实验内容，加深对金属与非金属递变规律的理解。教师在小组讨论中要引导学生运用证据推理与模型认知能力，以及培养学生的科学探究与创新意识。

通过以上教学案例的分析，我们可以看到，核心素养渗透策略成功地融入了教学实践中。每一个核心素养都不是独立存在的，而是作为一个整体不断体现在每一节课的课堂教学中。教师运用多种策略和方法激发学生的学习兴趣，引导学生在实践中发现问题、解决问题，从而提高了学生的化学学科素养。同时，学生在教学活动中展现出积极的参与态度，体现出较高的科学探究能力、创新意识和社会责任感。这表明，本文提出的核心素养渗透策略对高中化学教学具有积极的推动作用。

四、结语

本文以人教版高中化学必修一第四单元为研究对象，深刻探讨了如何将高中化学核心素养渗透到实际教学中，并提出了相应的教学策略与方法。通过教学实践的策略，核心素养渗透策略成功地融入了教学实践中。教师运用多种策略和方法激发学生的学习兴趣，引导学生在实践中发现问题、解决问题，从而提高了学生的化学学科素养。同时，学生在教学活动中展现出积极的参与态度，体现出较高的科学探究能力、创新意识和社会责任感。在今后的教学实践中，教师应继续关注核心素养的培养，结合实际教学内容，灵活运用各种教学策略和方法，创设丰富多样的学习场景，引导学生主动参与，发挥主体作用，以提高学生的化学学科素养。

参考文献

［1］中华人民共和国教育部．普通高中化学课程标准（2017 年版 2020 年修订）［M］．北京：人民教育出版社，2020.

［2］房喻、徐端钧．普通高中化学课程标准解读［M］．北京：高等教育出版社，2020.

［3］高中新课程通识性培训丛书编写组．高中新课程教学改革［M］．呼和浩特：内蒙古人民出版社，2004.

（此文荣获 2023 年度海口市基础教育创新研究与实践论文评选一等奖）

12. 基于数学核心素养的新高考试题特征分析

——以"2023年全国新高考Ⅱ卷"为例

胡良靖

摘　要：本文结合《普通高中数学课程标准》（2017年版2020年修订）和喻平教授对知识水平的划分，搭建数学核心素养考查评价模型，对2023年新高考Ⅱ卷进行分析。首先对考核知识点构成分析发现，几何与代数占比最大；其次按评价模型对各试题核心素养和等级编码，发现数学运算考查最多，数据分析、数学建模和数学抽象最少。基于分析得出，高中数学教学应重视《课标》要求，夯实学生基础知识，提高学生运算能力，培养学生从现实情境出发解决问题能力，拓展学生知识运用思维方式，提升学生核心素养能力。

关键词：数学核心素养；数学高考题；评价研究

《普通高中数学课程标准》（2017年版2020年修订）（后文简称《课标》）中明确以数学抽象、逻辑推理、数学建模、直观想象、数学运算、数据分析作为高中数学学习的核心素养。看似这些素养各自有各自的特性，在不同情形下发挥着不同的作用，但实际上它们是有联系的，不是相互独立的，是一个有机的、相互交织、相互渗透的整体，如同人体组织："直观想象"像大脑，在脑中形成模型；"数学建模"、"数据分析"像双手，掌握解决问题的方法；"逻辑推理"、"数学运算"像双脚，扎扎实实解决问题的基础；"数学抽象"像躯干，将所有部位组合，做到心中有数。

数学核心素养不是某个知识点或者某项解题技巧，而是一种通过学生探索培养出来的数学方法和思维。学生在学习中，通过发现问题、提出问题，根据自身的数学核心素养能力，对问题进行分析，达到解决问题的目的。

一、数学核心素养研究设计

（一）研究对象

《课标》阐明了核心素养的定义，并围绕核心素养提出了教学建议，那如何提升学生数学核心素养水平，当然最直接的方式就是考试。而高考题最贴合《课标》要求，能够帮助我们准确的评估学生各类核心素养情况。因此，本文以《课标》中核心素养学业质量水平及命题评价关系为依据，对 2023 年新高考 II 卷试题进行分析。

（二）评价模型搭建

《课标》中数学学业质量评价对每个核心素养都划分了三个水平，结合喻平提出的按知识掌握程度分为三个水平"知识理解、知识迁移和知识创新"，以六大数学核心素养为纵轴，以三个水平为横轴，建立不同数学核心素养和不同水平对应的评价模型，如表1。

表 1 数学核心素养评价模型

	知识理解（一级水平）	知识迁移（二级水平）	知识创新（三级水平）
数学抽象（A）	A1：对具体问题能够从中抽象转化为某个已学的知识点并解答	A2：当问题涉及多个关联知识点时，仍能够辨析并解答	A3：在研究数学问题同时，抽象出新概念、多方法解答，同时规律地类比
逻辑推理（R）	R1：掌握基础，能进行基础的逻辑推理	R2：通过对题目的分析，综合多个知识点，进行归纳推理	R3：结合题目信息，发现提出新猜想，并创新解题，引申出同类题型方法
数学运算（O）	O1：掌握数学运算涉及的对象、方法，并能够运用解决基础题型	O2：对复杂题型，运用不同类型的运算方法，综合计算解答	O3：建立不同运算方法关联，多角度多方法，对问题分析解决
数学建模（M）	M1：掌握基础的方程、函数等模型，运用建模解决基础题型	M2：通过从数学题中探索、分析、构建数学模型，解决各种不同知识点穿插的常规性复杂问题	M3：从问题情境中，发现不同知识点间的数学关系，创造性地建模解决问题
直观想象（I）	I1：掌握知识点中各类数学图形，并能通过数学几何图形来解答问题	I2：通过数形结合方法，描述数学知识点间关系，解决相关问题	I3：灵活运用数形结合方法，构建项目直观模型，重点在于探究
数据分析（D）	D1：理解概率、统计等章节，解决相关基础题型	D2：通过题意，明确研究对象，并进行常规分析，解决问题	D3：创造性地运用概率统计等章节知识点或方法，来分析问题，探究规律

（三）试题编码

为确保对试题核心素养及水平划分的可信度和有效性，邀请四位同课题组一线教师分别对试题进行编码。首先分析各道试题考查的核心知识点，再罗列知识点涉及的核心素养，最后结合试题延展程度划分水平，如表2。对比5种编码结果，偏差率7.5%，有效性较高。

表2　高考试题按数学核心素养评价水平划分

题号	题型	核心知识	数学学科核心素养	评价水平
1	单选题	复数的乘法运算及其几何意义	直观想象、数学运算	I1、O1
2	单选题	集合的基本关系	数学运算	O1
3	单选题	分层抽样、排列组合	数学抽象	A2
4	单选题	函数的奇偶性	数学运算	O1
5	单选题	直线与椭圆的位置关系	直观想象、数学运算	I1、O2
6	单选题	导数与函数的单调性	逻辑推理	R2
7	单选题	简单的三角恒等变换	数学运算	O2
8	单选题	等比数列前n项和公式	数学运算、逻辑推理	O2、R2
9	多选题	圆锥的结构特征	直观想象、逻辑推理	I2、R2
10	多选题	抛物线的几何性质	直观想象、数学运算	I2、O2
11	多选题	函数的极值	数学运算、逻辑推理	O1、R2
12	多选题	相互独立事件的概率、乘法公式	数学建模、逻辑推理	M1、R2
13	填空题	平面向量的数量积	数学运算	O1
14	填空题	几何体的体积	直观想象、数学运算	I2、O1
15	填空题	直线与圆的位置关系	直观想象、逻辑推理	I1、R1
16	填空题	三角函数的图像与性质	直观想象、数学运算	I2、O2
17	解答题	余弦定理、正弦定理的简单应用	直观想象、数学运算	I1、O2
18	解答题	数列的通项公式、数列求和	逻辑推理、数学运算	R2、O2
19	解答题	用样本估计总体及概率计算、分段函数	数据分析、数学运算	D2、O2
20	解答题	线线垂直的证明、二面角	直观想象、逻辑推理	I2、R2
21	解答题	直线与双曲线的位置关系	数学运算、逻辑推理	O2、R3
22	解答题	不等式证明、函数的极值	数学运算、逻辑推理	O2、R3

（四）试题编码实例

例 1【2023 年全国新高考 Ⅱ 卷第 5 题】

已知椭圆 C：$\dfrac{x^2}{3}+y^2=1$ 的左、右焦点分别为 F_1、F_2，直线 $y=x+m$ 与 C 交于 A、B 两点，若 $\triangle F_1AB$ 面积是 $\triangle F_2AB$ 面积的 2 倍，则 $m=$

A. $\dfrac{2}{3}$ 　　B. $\dfrac{\sqrt{2}}{3}$ 　　C. $-\dfrac{\sqrt{2}}{3}$ 　　D. $-\dfrac{2}{3}$

解答过程：由 $\triangle F_1AB$ 面积是 $\triangle F_2AB$ 面积的 2 倍可知，F_1 到直线 $y=x+m$ 的距离为 F_2 到直线 $y=x+m$ 的距离的 2 倍，即 $\dfrac{\left|-\sqrt{2}+m\right|}{\sqrt{2}}=\dfrac{2\left|\sqrt{2}+m\right|}{\sqrt{2}}$，解得 $m=-\dfrac{\sqrt{2}}{3}$ 或 $m=-3\sqrt{2}$。联立 $\begin{cases} x^2+3y^2-3=0 \\ y=x+m \end{cases}$ 可得 $4y^2-2my+m^2-3=0$，因为直线 $y=x+m$ 与 C 交于 A、B 两点，所以 $\Delta>0$，解得 $m^2<4$，所以 $m=-3\sqrt{2}$ 不合题意，故 $m=-\dfrac{\sqrt{2}}{3}$，故选 C。

本题主要考查直线与椭圆的相交问题，由面积关系转化为点到直线的距离关系，求出相应的 m 值，再利用直线与椭圆相交，应满足判别式 $\Delta>0$，进而求出 m 的范围，再选出满足范围的 m 值，得到本题答案。因此本题需要一级水平的直观想象核心素养和二级水平的数学运算核心素养，综上，本题的编码是 I1、O2。

例 2【2023 年全国新高考 Ⅱ 卷第 8 题】

记 S_n 为等比数列 $\{a_n\}$ 的前 n 项和，若 $S_4=-5$，$S_6=21S_2$，则 $S_8=$

A. 120 　　B. 85 　　C. -85 　　D. -120

解答过程：因为 $S_6=21S_2$，所以公比 $q\neq1$，故 $S_n=\dfrac{a_1(1-q^n)}{1-q}$，所以 $\dfrac{S_6}{S_2}=\dfrac{1-q^6}{1-q^2}=1+q^2+q^4=21$，解得 $q^2=4$ 或 $q^2=-5$（不合题意，舍去），故 $\dfrac{S_8}{S_4}=\dfrac{1-q^8}{1-q^4}=1+q^4=17$，即 $S_8=17S_4=-85$。故选 C。

本题主要考查等比数列的前 n 项和公式，由 $S_6=21S_2$ 可知公比 $q\neq1$，进而代入等比求和公式，求出 q^2，再求出 $\dfrac{S_8}{S_4}$，进而求出 S_8。当然考生也可能会联想到等比数列前 n 项和的性质：S_2、S_4-S_2、$S_6-S_4\cdots$ 仍为等比数列，再通过解方程，先求出 S_2，进而求出 S_8，此方法可以避免高次因式分解，但在解题思路上，本题运用公式求解更为直接。因此本题需要二级水平的数学运算素养和二级水平的逻辑推理素养，综上，本题的编码是 O2、R2。

二、研究分析

（一）新高考Ⅱ卷对知识点的考查情况

高中数学课程主要分为5个主题：①预备知识；②函数；③几何与代数；④概率与统计；⑤数学建模活动与教学探究。"预备知识"用于初高衔接过渡；"函数"是高中数学主线；"几何与代数"将数形结合，提升学生数学理解能力；"概率与统计"通过统计分析，加强学生思维模式以及解决问题方法；"数学建模和探究"是从实际情境中，运用数学思维解决问题，重点在于实践。从5个主题课时分配可以看出，函数（52课时）＞几何与代数（42课时）＞概率（20课时）＞预备知识（19课时）＞数学建模（6课时）。

如表3，分析2023年新高考Ⅱ卷围绕五大主题占比：几何与代数＞函数＞概率与统计＞预备知识＞数学建模活动。通过试题、分值占比发现，占比最多的是几何与代数，其次为函数，但函数试题多以拔尖题为主。数学建模的试题比例与课时占比大致相同，总体符合《课标》命题要求。

表3　2023年新高考Ⅱ卷五大主题的知识点排列

	试题占比	分值占比	《课标》课时占比
预备知识	8.3％	6.3％	13.7％
函数	25.0％	23.1％	37.4％
几何与代数	50％	53.8％	30.2％
概率与统计	12.5％	13.8％	14.4％
数学建模活动	4.2％	3.1％	4.3％

（二）新高考Ⅱ卷对核心素养的考查情况

从图1中发现，新高考Ⅱ卷试题考查范围围绕六大核心素养都有涉及，并且73％试题涉及两个核心素养考查，体现了核心素养之间的相关性，但各核心素养考查内容比例不同，如图1：数学运算＞逻辑推理＞直观想象＞数学建模＝数学抽象＝数据分析，这表明高考数学对学生数学运算能力要求依然最为看重，其中对学生逻辑思维能力较为重视，考查学生把握知识点之间的关联能力。例如22题第2问学生通过推理，发现导函数 $y = f'(x)$ 为偶函数，从而将问题的研究范围缩小到（0，1），再明确极值刻画的只是函数的局部特征，因此本题只需要证明 $x \to 0^+$ 时，$f'(x) > 0$ 即可，最后结合第1问结论，$x \to 0$ 时，$\sin ax \to ax$，进而本题得以化简求解。这突出对学生逻辑关系的考查，只有做到有理有据，才能形成解题方法。又如试题中 19 题以现实生活场景作为题目，将概率问题与分段函数相结合，促进学生从实际出发解决问题的能力，这同《课标》中考试命题的原则相同。

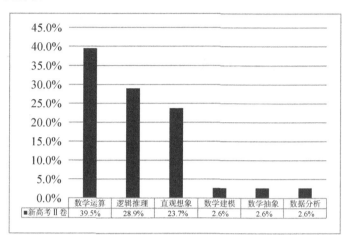

	数学运算	逻辑推理	直观想象	数学建模	数学抽象	数据分析
■新高考Ⅱ卷	39.5%	28.9%	23.7%	2.6%	2.6%	2.6%

图1 各数学核心素养占比

（三）新高考Ⅱ卷对数学水平的考查情况

从图 2 可以看出，87％的试题对知识理解水平考查集中在水平一"知识理解"与水平二"知识迁移"，水平二考核内容多与水平一。这也是由于知识理解和迁移是对知识点掌握的基础，学生应该在理解的基础上，更好地进行迁移，灵活运用，培养思维能力。水平三"知识创新"占比 13％，也表明高考对知识考查的全面性，通过高中培养其创新能力，为学生进入大学发展作铺垫。

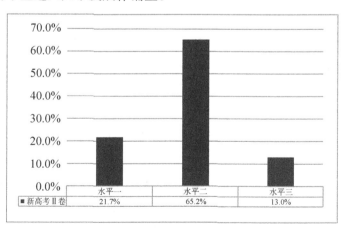

	水平一	水平二	水平三
■新高考Ⅱ卷	21.7%	65.2%	13.0%

图2 水平一、二、三占比

三、教学启发

2023年新高考Ⅱ卷的试题结构整体稳定，试题难度适中，考查内容更加重视学生对基础知识、基础概念的理解和掌握，注重落实对数学核心素养的要求。

（一）坚持《普通高中数学课程标准（2017年版2020年修订）/课标》为纲

通过研究，高考试题出题无论是知识点分布原则、还是数学核心素养考查原则和《课标》提出的建议一致性都高，因此高中数学教师应深入理解《课标》，研究《课标》中对教学设计、教学提示、学业质量要求的建议，借鉴教学例题、掌握学业要求，通过合理的教学方式，可量化的测评方式，设计符合数学核心素养的高效教学课堂。

（二）重视数学核心素养的培养

数学核心素养的培养是通过对数学各知识内容学习、理解、反思逐步形成的，贯穿于高中数学学习的全部过程，不是一蹴而就的。在对高考数学试题的分析可以看到，考查也是严格围绕数学核心素养出题。因此，在教学时，重视和落实学生数学核心素养的学习尤为重要。此外，从试题的考查比例发现，数学运算及逻辑推理占比最多，是其他数学核心素养培养的基础。

"数学运算"重点在于通过合适的运算公式及运算步骤计算出结果。因此在公式、定理等的教授以及平时习题复习过程中都能培养学生数学运算能力。教师在教授基础定理公式时，要让学生学会分析在何种情境下运用公式，从而增加数学运算的有效性。在日常练习时，由简到难，在掌握基础运算，确保正确运算的基础上，融入情境复杂、知识点多的问题，鼓励学生分析探索，尽量一题多解，利用不同的运算方法解题，再客观评价各种运算方法的优劣势，从而让学生在练习中掌握不同问题不同题型最佳的运算思路和方法。如试题中第8题，由等比数列求和公式，利用 S_6 与 S_2 的比例关系求出公比，最后根据 S_8 与 S_4 的比例关系，得出答案。此外，还可以按编码实例中的方法，根据等比数列的性质：S_2、S_4-S_2、S_6-S_4…仍可分解成等比数列来运算，对于不善于高次因式分解的考生而言，运算难度相对较低，所以在平时的练习中要考虑一题多解的训练。

"逻辑推理"是让学生结合所学的知识与试题提供的信息，分析逻辑关系，推理解题所需的内容，因此逻辑推理的培养既可以通过新课，也可以通过习题课。在教授过程中，教师可以带着学生读题，对题目提供的内容，推断分析出可以得到的信息。再根据题目问题反推挖掘所需要的隐含条件，最后进行有条理的逻辑解答。通过举一反三，一题多变，学生自行分析和推理，熟练掌握论证过程。如试题中第15题，通过逐步逻辑推理，用几何法来表示弦长和三角形的高，再代入面积公式中求解。

（三）提升学生知识水平和综合能力

通过高考试题分析，数学核心素养水平的考查以知识理解、知识迁移为主，知识创新为辅，要求学生以教材为纲，掌握教材各知识点，打牢基础，同时把所学的内容与实际情况联系，培养知识迁移和创新能力。在日常训练时，教师也可多引导学生全面分析问题，促进学生能在不同题型、问题情境中，可以辨析，并多角度的分析，提升水平上的能力，从而使学生真正掌握所学知识，融会贯通，促进学生们全面提高。

参考文献

［1］中华人民共和国教育部．普通高中数学课程标准（2017 年版 2020 年修订）［M］．北京：人民教育出版社，2020.

［2］喻平．数学核心素养评价的一个框架［J］．数学教育学报，2017，26（2）：19-23.

［3］朱立明．高中生数学学科核心素养测评框架构建［J］．中国教育学刊，2020（7）：78-83.

（此文荣获 2023 年度海南省基础教育创新研究与实践论文评选一等奖）

13. 让语文课堂在生活的情境里求真、感性

张 爽

摘 要：相对于传统的教育，新时期下的教育模式在不断地探索革新。在新的国家普通高中课程标准中，18 个学习任务群成为语文课程的新内容。学习任务群如何转化为教师的教和学生的学，是一个新的问题。但是，在解决任务群的同时，在教学的实际操作过程中，如何提高课堂有效性？我们在课堂上所遇到的问题，应该如何解决呢？如何提高学生自身的学习兴趣与语文素养？这些依然是本质上要解决的问题。本文中，笔者对语文课提出了几点自己的认识。其中最主要的观点是，语文课是语言与文字的课堂。课堂操作过程中，仍然必须注重工具性与人文性的统一。

关键词：语文教学；有效性；求真；感性

现代人对待传统文化的态度由原来的不热爱、不重视，变为一时间的"追爱狂潮"。但实际上，褪去浮华、表面的狂潮之后，回归到语文课堂中，我们又不得不面临语文学科不受重视的现象，令人震惊，也令人伤心，甚至有点令人悲哀。

社会上不能真正重视语文等诸多因素，势必会导致学生逐渐地轻视语文。但是反思过后，我觉得，语文课面临着被其他科目挤占的尴尬境地，虽然原因很多，但与我们语文教师本身是有必然联系的。任务群学习的新形势下，学生整体上虽然思辨能力提高了，但是有时候在快速群文阅读的过程中，又造成了学生某种程度的基础不扎实。我们应该如何把握语文课堂？如何提高语文课堂教学的有效性？如何在有限的时间内激发学生兴趣，提高教学质量呢？如何才能捍卫自己的堡垒呢？这是一些值得长期探讨研究的课题。

以下，便是我对如何提高语文课堂有效性的几点认识。

一、语文课要求真务实，拒绝浮夸，夯实基础

上一次课改初期，语文课由原来"满堂灌"式地传授知识一大步跨越到"离开人文

不懂上课"的禁区。语文的工具性一时沉寂。然而，语文课离开知识点，离开工具性，必定会走向另一个极端。这虽然是一种革新，或许的确能将语文课一时之间从应试教学中解放出来，但如果过分强调人文性，势必将进入另一个死胡同——空洞的感悟。

那么，为什么近几年来语文课不断受到外界的质疑甚至批评呢？其中重要原因，就是我们走了弯路。有些课堂空洞的感悟，毫无趣味，最后使学生学无所获；有些语文课堂趣味横生，却使课堂变成了语文、政治、历史、地理四不像。我觉得，这些问题都是值得我们思考的。

直至现在，由于一些教师对课程标准理解不到位，一味地强调学生地位，凸显课堂人文性，语文课依旧存在很多浮华的现象。老师打着"领悟文本"的旗号，煞费苦心地安排了演讲、辩论、小品、课本剧等等活动，形式多样，构思精巧，学生只顾"人文"，将课文搁置一边，跃跃欲试，课堂似乎充满了无限生机与活力。但造成的结果，便是学生对文本重难点茫然无知。

我也曾犯过这样的错误。我试过在《荆轲刺秦王》的教学中，设计表演环节。在讲到荆轲庭上刺杀秦王这段高潮部分时，本想打破传统的教学模式，体现新课程标准的理念，在事先布置预习的情况下，让学生从荆轲开始上宫殿的部分改编为课本剧，当场加以表演。设想十分合理恰当，只是我有点担心在具体实施过程和实施效果可能不会尽如人意，于是让四名男同学分别饰演荆轲、秦王、秦武阳、夏无且，另外选了四名男同学扮演侍卫。只见"荆轲"追逐"秦王"，"秦王"左躲右闪，绕着椅子"环柱"而走。群情高涨，叫好声响彻教室；"夏无且"用药囊掷秦王的夸张动作逗得全体同学捧腹大笑，最后四名侍卫一哄而上把荆轲放倒在地，更是惹得同学们笑得前仰后合。整个活动持续了三十分钟，此节课在同学们的哄笑声中宣告结束。这节课的具体效果可想而知。课堂气氛确实高涨热烈，也充分地展现了同学们的创造力，但事实上却忽视了对课文本身的关注与挖掘，无异于在做一种"无益之功"，空有花架子，而无实质内容。之后，我就文中一些重点语段提出问题，大多数学生茫然不知。课下很多同学也反映对于一些重点字词并没有掌握。

我也曾经听过两节课，印象深刻。一节是《沁园春·长沙》的教学，授课老师在讲课时，引导学生高唱《东方红》；另外一节是《雨巷》的教学，授课老师竟然手举一把油纸伞，长达十分钟。这两位老师如此设计课堂环节，到底是否高效？答案显而易见，对学生分析文本，提高阅读能力是没有什么帮助的。像这样华而不实的课堂洗去了浮华之后，必然留下悲伤。

反思过后，我有了几点感悟。

1. 真真切切才是课。

教育改革倡导语文的人文性，并不是完全否定工具性，也不是一味否定传统教学。

授课教师甚至听课教师都会觉得课堂不热闹点，就不能突出学生学习的主动性；不组织些活动就不能体现人文性。但是教学过程中，我发现要想真正地提高学生语文能力的素养，仅靠课堂上的"人文"是不行的，感悟重要，训练也重要。要采用工具性做基础，让课堂求真务实，不做虚假的表演。

我们引导学生阅读鉴赏，或是语言运用表达，还是要建立在理解的基础上，词汇准确表达的基础上。要务实地去提高学生的语文素养，不能为了课改而课改。要培养学生理解记忆能力，然后形成自己对文本的独特的认知与情感价值观的判断，应该促进学生语言、思维、审美、文化等综合性的语文核心素养的发展。

要切实地提高学生的语文素养，牢记雾里看花终成空，真真切切才是课！

2. 洗去浮华，夯实基础。

有些教师也很明白，要做到工具性与人文性相结合，但是想明白是一回事，做得好又是一回事。课堂教学中，我们常常遇到这种现象：其一，词句读不顺，文字基本看不懂；其二，学生脱离文本大谈感悟。虽然语文课不能上成系统知识训练课，但是语文课也不能不重视工具性。倘若学生读不懂文本，何谈深刻地感悟情感，探究主题？教者没激情，听者没兴趣，何谈产生师生共鸣？学语文还是要正确朗读，从语句开始，从文本入手，老老实实地、一句一句地理解。读得懂是感悟人文的基础途径。夯实基础是提升感悟、涵养感情的开始。

原来的单文欣赏也好，现在的群文阅读也罢，都离不开字词的语法、句子的逻辑和文体特征判断等多种知识的应用能力。课改的初期总是无法避免有一些浮华，形式上的花哨，而我们做日常的语文教学，要切实地提高学生的语文素养，就一定要洗去浮华，夯实基础，将实用知识的应用与审美鉴赏融入整体的阅读过程中，与学生一起进行扎实有效地、深度地学习。

二、在真实的语文生活中深度地学习

任务群"实用性阅读与交流"在"教学提示"中建议：教学以社会情境中的学生探究性学习活动为主，合理安排阅读、调查、讨论、写作、口语交际等活动。

这一要求，正式印证了"语文无处不在"。实际上，生活中处处有语文，而语文也绝对不能脱离生活。

如果我们日常教学中，将知识点从生活的情境中抽离出来，变成了类似于理科一样的线性框架结构的知识点来传授，那么语文课堂就没有生机，课堂就会变得枯燥乏味，这样的课堂自然是不利于学生学习的，是无法激发学生的兴趣的，也不会提高学生的语文素养。

杨向东教授曾经问过："可以超越具体情境或领域培养核心素养吗?"答案当然是不能。语文学习的过程,实际上是一个创造性的过程,是一个人的思维与情感积极参与的过程。它有一部分来自学生的知识性积累,更多的来自学生的生活体验和情感参与。

我们在新的语文课堂上,应该有目标地、系统性地创设出特定的情境,根据18个任务群的整体内容,设计出集中的、明确的学习项目,让学生自己去合作探究,协作式地自主阅读,归纳式的探究,在这个过程中富有创造性地去加深对作品的体验和理解,这样才能更加真切地感受到语文课的魅力,深切地体会到文学的力量,更深层地认识社会现实,更能有效地提高学生自主学习、自主表达的综合性的语言素养和文学素养。

三、让语文课带有感性,融入师生情感

虽然语文课基础是传授语文知识,但是一味地传授知识,语文课一定会有如一潭死水,毫无美感。我们一定要顾及到语文的人文性,要带有感性,要富有情感。

我们现在的课本是以体裁划分的方式阅读。文段阅读鉴赏就应该是语文课的重心。课程大纲规定,语文教学应该学习语文基础知识,培养语文素养能力,强调了培养社会道德情操,健康审美观和高尚爱国精神,等等。然而,很多教师很多时候都有一个很大的误区。那就是在阅读文章过程中,一定会接触到基本知识,包括字词句、语段、篇章、修辞等。因为这些知识理科式的思维比较强,所以就需要讲透,讲清楚。这样一来"讲读教学"就成为教学过程的主体。面对者应试考试的大关,我们的课堂出现了很多"挂羊头卖狗肉"的现象。

实际上,真正的语文课堂上,阅读一篇文章并不等于学习一篇文章的知识,在缺乏文章知识的前提下,有些同学照样可以阅读一篇文章,甚至可以阅读得很好!这就说明,课堂上我们不仅要教知识,也应该重在考查学生阅读审美理解能力,提高学生语文修养能力。所以把一堂语文课上成机械性的传授课,不重视人文,不体验情感,我认为是不正确的。

举两个例子来探讨一下。

我曾经听过一节《项脊轩志》的课堂教学。这是一篇感人至深的文章,是唤醒人们心底真挚情感的文言文。但是教师将课堂重心放在了几个字词的疏通知识上、段落的划分上,语文阅读课就完全变成了机械的知识传授课。我对当中的一个设计环节,印象比较深刻。教师设计了两个问题。第一个问题:"然余居于此,多可喜,亦多可悲。"在文中有什么作用? 第二个问题:找一找作者喜欢什么? 悲什么? 如此设计,学生是怎样作答的呢?

学生一:承上启下。

学生二："喜"在轩中读书的乐趣；"悲"在叔伯分家、回忆母亲、追念祖母、思念亡妻。

我们不难看出，整个课堂，只听到学生按照教师的安排机械地完成了问题。课堂设计紧扣课文思想清晰，但是设计过程理性太浓，感性太弱，理科式的分析，使情感的文本变得支离破碎。学生在梳理知识，"找一找"答案的过程中，阅读的审美体验和情感领悟被抹杀，再回过头来咀嚼时已然是食之无味，又何谈引起感情的共鸣呢？

假如，我们在教学设计中，换一种问法呢？

作者含而不露，以情动人，记录的都是我们日常生活的最普通的事，那么哪件事打动了你呢？哪个细节让你觉得感动？

这个设计其实是在引导学生事先要有感情体验。教师强调"最普通"这个词的时候，其实可以调动学生回忆自己的日常生活，回忆和母亲、祖母之间的生活细节。当学生有了自己的情感体验，自然会有准确的理解，深层的感悟，归有光的悲痛的心情便可以得到学生的理解了。

带着感性去上课，也不单单是高一、高二的课堂需求，高三课偶尔也是需要感性的注入，不应该都是机械的语言。

我曾经在高三担任教学工作的时候，为了上复习诗歌鉴赏之人物分析课，设计过这样的导语：

"念天地之悠悠，独怆然而涕下"，浩浩苍空，茫茫旷野，为国为民孤独忧伤的陈子昂在感叹生不逢时，怆然涕下；"寻寻觅觅，冷冷清清，凄凄惨惨戚戚"，李清照恍惚、寂寞、肠断心碎；"天生我材必有用，千金散尽还复来"，傲岸不羁的李白高歌痛饮，意气豪爽的形象，又鼓舞过多少颓唐失意的人奋起前进！其实在古诗歌中，有太多这样鲜明丰满的形象等着我们去鉴赏，然而我们是否已经掌握到了鉴赏人物的方法了呢？读懂了人物，在高考考试中又能否得到高分呢？这当中都是存在着一定的方法和技巧的，这节课我们就一起来学习诗歌专题的分类鉴赏——如何鉴赏人物形象。

我发现，这样的导入比我以往直接开门见山的说法，更能快速地引导同学们进入情境，同学们似乎都在跟随我的导语，联想每一种人物形象的特征。这样非常有利于开展后面的分析环节。因此，我觉得这样紧张单一的高三复习课，也许更需要一些感性的情怀，融入课堂。

《师说》中，韩愈曾说，"师者，所以传道受业解惑也""彼童子之师，授之书而习其句读者，非吾所谓传其道解其惑者也"。语文课，不应该是单纯"习其句读"。我们应该细微地品读，用心地揣摩感悟。教师有时候会埋怨学生不理解课文，不能走进课堂，其实我们有些老师在授课前，自身就没有带着真性情，带着感性走进课堂。教师引导学生之前，应先培养自己的感性，在感动学生之前，应该先感动自己。只有品出来字里行间流露的感情，才能让学生静下心去与作者进行文字交流，才会懂得语文的精妙，感受语文的活力和生命力。

教师应该和学生做真性情的人，带着感性、融入情感地去读每一篇文章，上每一堂语文课。

四、设计课堂上的"空白"之美

"空白"在中国古时候很多作品中都含蓄地传达着作品思想。它使艺术品虚实相映，形神兼备，创造出一种"无画处皆成妙境"的艺术境界。大师们都借助创造"空白"，创造出独立的感悟，富有创造力的读者。那么我们能不能将"空白"艺术引用到语文的课堂教学中呢？

我觉得，至少可以大胆尝试。

首先，转变思维，教师要善于发现或创造课堂教学中的"空白"点。"空白"艺术要求教师必须放弃传统教学方法，尽量克服教者"包办代替"的现象。新课改中也一直强调，教学过程中学生是课堂主体，教师起到引导的作用。通过制造一些"空白"来调动学生的思维，使学生主动参与课堂学习。

课堂上，学生们就算听课再认真，如果无法生成自己的思考，他所得到的知识，情感感悟都是少之又少的。

其次，教师要巧设问题，积极引导学生自主填补"空白"。课堂上学生出现的"空白"，实际上正是学生思维能力增长的时候。若能充分利用可以激发学生学习的兴趣，提高他们的思维能力，因此教师不仅要发现或是适时地创造"空白"点，更要积极引导学生去主动填补它们。

每个人作为个体都有他本身的主体性。课堂上，不要设定太多太满的框架、路线给学生走，教师只是起引导作用，适时地放手让学生独立去思考，有空间去思考，使学生有属于自己的"空白"，自己的感悟，那样也许才能激发出更多的思想火花。

那么应该如何提高语文课堂教学的有效性呢？语文课就是语文课，它既需要对语言进行分析，又要感悟文字所蕴含的道理和抒发的情感。我们应牢记：工具性与人文性缺一不可。

基于此，对于实际操作的过程，我想谈谈以下几点看法。

1. 读懂内容。这个步骤是前提，但不是终极目标。有些老师过于研究字词，致使学生学习语文的兴趣逐渐降低。其实任何一篇课文，只要我们愿意讲下去，总是可以讲不完的。《春江花月夜》可以讲一个星期，《荆轲刺秦王》可以讲两个星期，但是什么时候该结束？怎样就可以结束？这些是我们应该思考的问题。凡事总要有一个终点，有一定的准则。陶渊明曾提出"不求甚解"和"重在会意"的主张。不求甚解是针对寻章摘句和死读书来说的，而我们不必追求"不求甚解"，也不至于字字咀嚼，至少可以把"基本读懂"作为准则，不要过度重视工具性。语文课不能把学生变成只好咬文嚼字的"老学究"。

2. 留点"空白"。新课标已经表明："学生是学习和发展的主体""教师是学习活动的组织者和引导者"。作为教师，我们应该探索各种教学方法，但是不管怎样，最后都要把课堂还给学生，任何口若悬河、精彩绝伦的讲解都取代不了学生的自我思考。教师必须放弃"填鸭式"的教学方法，课堂上学生只是疲于应付老师安排的一系列活动，没有自己任何的思考，课堂教学怎能高效率呢？

3. 品析语句。语文的人文性其实也是在这一步中得以体现的。品读语句，并不是寻章摘句，死嚼字眼，而是借助语句的品读，做深度的分析和鉴赏。品味感悟其中的情感，表达感受，理解内涵，这才能让人文性得以体现。这个环节，我们只是针对重要的语句进行品析鉴赏。在此过程中，教师也可以适当留出些空白，让学生大胆发言，自主鉴赏，这才能让他们去体悟情感体验，提升语文素养。当然前提是紧扣文本，不能空洞感悟。

4. 联系生活。教师在整合文章选段的时候，要有意识地把课堂带入生活情境中。无论是单文阅读还是群文阅读，无论是实际的表达交流还是文本阅读鉴赏，其实都离不开学生的自我思辨以及生活的情境体验。让学生感受到语文中处处有生活，词句中处处有美妙，人物性格里有感动有情感，激发学生的兴趣，激发他们根据情境自我探究的欲望。

5. 教会方法。"授人以鱼不如授人以渔。"教会方法，我觉得是有实用价值的。学生不论是应试考试还是素质提高都是需要学些方法的。比如：读诗，需要教些吟诵记忆的方法，教些怎样把握诗人情感的方法；读散文，需要引导学生把握形散神不散的艺术特色；读小说，需要教如何把握故事情节、揣摩人物形象、分析环境、探究主题的方法。通过阅读与鉴赏、表达与交流、梳理与探究等学习的过程，提高学生的思辨能力、梳理归纳能力、探究论证能力。

语文是一门需要终身学习的科目，教会了学习方法，对于学生日后自主阅读是大为有益的，为他们终身的学习打下牢固的基础，也会真正地让学生热爱语文。

我想，如果能坚持上述所说的方法实施，总会某种程度提高教学的有效性。只不过在具体课堂上教学重难点各有不同，应有所侧重，要具体问题具体分析。正所谓，学无定法，教无定法。如何提高语文教学的有效性，值得我们每一位语文老师去不断地探索。

参考文献

[1] 陆志平．语文学习任务群的价值 [J]．语文学习，2022 (5)：11-14.

（此文荣获第七届全国高中语文教师教学基本功展评活动论文二等奖）

三、融合信息技术的教学创新

14. 掌控板开源硬件在信息技术
教学中的创新应用

吴海青

摘　要：随着数字化时代的发展，各种智能产品助力中小学的教育教学，其中包括掌控板开源硬件。在新课程新教材的背景下，运用掌控板开源硬件创造性地设计项目活动、组织课堂活动，培养学生严谨求真、创新创造的精神，以及积极探究、合作学习、勇于交流表达的习惯尤为重要。本文从新课程立德树人的目标出发，为培养学生终身发展的必备能力，在创新性地使用掌控板开源硬件，设计实践活动项目的教学实践研究中，总结出几个方面的设计策略，以期提升信息技术学科的教学品质。

关键词：掌控板；信息技术；创新应用

当前，无论是在《普通高中信息技术课程标准》（2017 年版 2020 年修订），还是在《义务教育信息科技课程标准》（2022 年版）中，都将人工智能、物联网应用等内容纳入学科课程中。这就需要相应的软硬件设备辅助教学，而教师仅教会学生使用这些设备是不够的，还需要认真思考新课程立德树人的目标在学科课堂教学中的落地。过去的信息技术课堂将实践技术放在重要的位置，缺少创新的教育教学理念支撑，无法全面提升学生的信息素养。

随着科学技术的进步，我国已从工业社会进入到信息社会。如果仍然用工业时代的思想，教育我们的学生，学生将竞争不过机器，更无法在数字化的时代中为国家作出贡献。这是一个严峻而又非常重要的课题。

笔者在这几年的新课程新教材的课堂教学中，运用掌控板开源硬件开展教学，经过探索、反思和改进，设计了一些教学案例，总结了以下创新的做法和策略。

一、设计真实的问题、多解问题

教师要设计真实的问题作为课堂导入，而这个问题又有多种解决方案，无疑这更胜一筹。通过多解,让实践活动的深度和广度都得以延伸,培养了学生分析问题、解决问题的思考力。学生比较多种方案后,能客观分析事实,找到"合适"的方案,而非"最优"方案,当然也有可能多种解决方案并存。做人做事亦是如此。

例如,问题设计:在一个非常寒冷的夜晚,就你一个人裹着棉被待在宿舍,你不想起身关灯,怎么办?在"应有尽有"的前提下,你能想到什么解决方案?学生会想到通过遥控或声控的方法。此时教师提出物联网远程控制灯项目和语音识别智控灯项目。掌控板上的板载 LED 灯相当于宿舍里的灯,学生通过观察两个项目的积木程序,比较和分析两个程序的异同。学生再通过实践探究发现,语音识别智控灯方案对发音和声音传感设备要求较高,而通过物联网控制灯的操作较为复杂,有待改进。学生在导学案的引导下深入思考,理解下达指令的信号是经过怎样的路径最终实现了控制。

二、既是导学案,又是实验报告

设计一份优秀的导学案,不是件容易的事情。但如果把实验报告的设计思想融入导学案中,也许就事半功倍了。导学案并非把操作步骤写得越详细越好,而是要留有余地,让学生停下来思考、梳理和验证,否则导学案就成了产品使用说明书。同时,教师应要求学生上交导学案,并及时评价,学生才不会停留在有趣的实验当中忘乎所以,不加思考。

例如:语音识别智控灯项目,这个活动项目是学生第一次接触掌控板,不要求学生会编程,只看程序进行分析。教师将写好的程序刷入掌控板,学生分组体验验证即可。因受常规教室无线上网条件的限制,教师利用手机热点可连接 8 个掌控板终端,6 名学生为一个小组共用一块掌控板。学生在导学案的引导下,知道如何"玩"掌控板,不亦乐乎的同时,又能认真思考背后的原理。

如图 1 是语音智控灯和远程智控灯两个项目活动的导学案。

三、既指导合作学习,又评价合作学习

运用掌控板做项目学习,采用合作学习的方式能较大提高一堂课的实践效率。另外,全班学生可用的掌控板数量可能有限,教师管理的设备少了就有更多的精力去关注学生,因此合作学习是一举三得的好方法。

与人合作是人终身发展必备的能力之一,学生需要在教师的指导下合作学习。如图 1 的导学案所示,学生分工明确。要合作先从分工开始,6 人为一个小组,1 人担任时间规划管理员,2 人担任学案研究员,2 人担任实验操作员,1 人担任总结填报员及

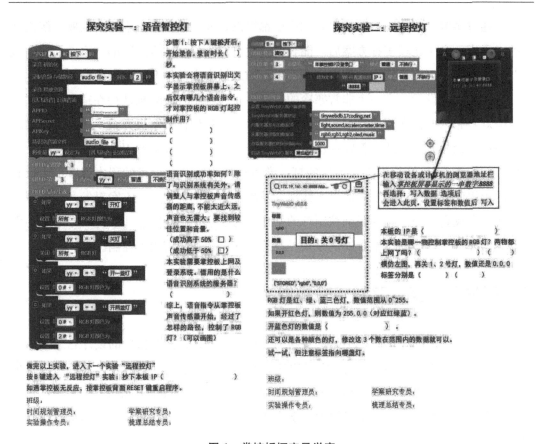

图1　掌控板探究导学案

汇报员。多人合作学习时更要分工明确，才能确保在有限的时间内高质量地完成任务，同时避免个别学生无事可做。教师适时关注项目进程，把握项目实践的方向，及时开展学生互评，教师评价才能有的放矢。

四、既解决问题，又引发新的问题

爱因斯坦曾说过："提出一个问题往往比解决一个问题更重要。"教师能引导学生积极思考，解决预设的问题固然是最基本和最重要的。但如果还能激发学生发现新问题的活力，课堂就如同活水的源头，让人有了学习的动力和源源不断的创造力。

例如，运用掌控板实现 TinyWebIO 物联，实践操作是远程开关灯。学生需在计算机上安装无线 USB 网卡，先搭建台式机与掌控板在同一网段的网络，然后通过台式机登录 TinyWebIO 物联应用服务平台，远程控制掌控板上的 LED 灯。此项目活动的学习目标是组建无线局域网，了解物物相连中的身份识别，以及 IP 地址和服务器。随后，教师设计另一探究活动，即位置相临的两个小组交换掌控板，在浏览器地址栏中输入交换的掌控板 IP：8888，尝试能否控制该掌控板的 LED 灯。这个答案是否定的。因为台式机与对方的掌控板不在同一网段，无法找到该掌控板，即无法控制它。学生在没有学过 IP、子网掩码的情况下，并不清楚实验的结果。通过此活动，学生引发新的思考，提出新的问题：为什么找不到对方的掌控板？继而主动探究两块掌控板 IP 地址的区别，引出子网掩码这一知识。

如图 2 所示是掌控板 TinyWebIO 物联网应用的程序及应用服务平台。

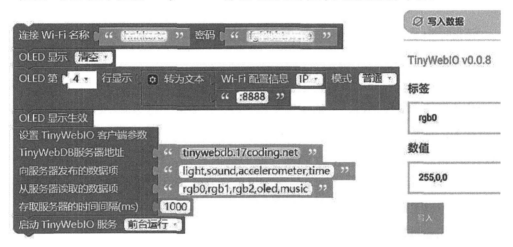

图 2　掌控板 TinyWebIO 物联网应用

五、紧密围绕知识点，挖掘实验项目

在信息技术课程中，数据编码是学科的核心知识，属于较难讲授和枯燥无味的内容。特别是很难与学生的学习、生活联系起来。利用掌控板辅助这部分的教学，可以让学习数据编码变得有趣且直观易懂。

例如用掌控板实现进制转换的游戏。再如，用 Image2Lcd 软件将单色128×64 像素的图像转换成十六进制数，将其粘贴在掌控板程序的图像列表中，掌控板执行程序后，就显示出该图像。在平时的教学活动中，教师引导学生用画图软件设计签名、Logo 等，转换成十六进制数后，编程实现在掌控板上显示创作的图像，以展现学生个性化的一面。但此项目活动的深度仍不够，教师继续设计下一个探究活动：如何在掌控板上呈现一个准确的上半圆或下半圆。这个探究活动的解决方案有几种：学生首先会想到将一个圆的十六进制编码的一半数据改成 0，这个方案行得通，但太复杂。然后，学生想到删除整个圆中的一半数据编码的方案，但此方案并没能成功。学生在分析没成功的原因的过程中，找到了一个关键的数据，即图 3 中"高 64"，改成 32 便可解决，如图 3 所示的程序和学生作品。

图 3　掌控板图像编码程序及学生作品

六、鼓励创作，更重要的是有效启发

培养有创新精神和创造力的学生，关键在于教师善于启发、懂得引导。掌控板集成有声音传感器、光线传感器、三轴加速度传感器、磁场强度传感器、触摸按键等等，这些可以作为信息系统的输入部件，也有图像、声音、文字、灯光的输出反馈。它具备了信息系统的输入、输出、处理、控制和存储的五大功能。在高中信息技术新课程中有"信息系统"这一部分的内容，要理解和运用这部分的知识，在课时允许的情况下，可以设计出五节以上的创作项目课。

例如：线性短片，教师启发的例子是，给母亲生日的一个惊喜，设计一个打开手机电筒照向掌控板，就能滚动出现一段文字、响起生日快乐歌、出现鲜花和生日蛋糕的画面等。再如功能性的作品：楼道智能灯、考场安检仪、掷色子、迷你琴、抢答器、倒计时报警器、噪音数据上报仪等等。

七、同课多项目，有自信才乐于展示

此处的同课多项目是指同一节课不同小组的学生会有不同的项目活动。设计同课多项目活动，一是节约时间；二是通过小组展示，不同小组的学生可相互学习；三是学生无法复制别组的项目内容，避免了先展示的小组把成果经验介绍了，后展示的学生无话可说。

例如掌控板创作项目课，由学生自主设计不同主题的作品，给学生提供了个性化展示的舞台。再如，学生对一问多解方案的尝试和展示，譬如前面提到的远程控灯、精确画半个圆问题。还有算法方面的问题，如剪刀石头布人机战的编程等。

八、从"会玩"到"玩转"

学生第一次接触掌控板，应从何入手？在课时较少的情况下又该重点学习哪些内容？高中信息技术课程特点决定了课程实施的特殊性，这就要求我们在实施必修课程的教学时，设计的实践项目要精致且高效，而人工智能和物联网这两个部分是最有必要借助设备来开展学习的。笔者先将高中信息技术必修课程的教学内容整合并重构，再从整体出发设计项目活动。

一是先"会玩"掌控板。即学生初次接触掌控板，教师预先刷入"语音识别智控灯"等项目程序，是个"成品"。学生通过"玩"，体验并了解掌控板的集成部件及强大的功能；二是学生尝试完善"半成品"程序，即程序留白一部分，"半成品"项目可以是学生填写组建的无线局域网的 Wi-Fi 账号和密码，测试掌控板与台式机的物联，也可以是设定触发事件的传感数据边界值等。最后是学生从规划项目，到设计制作作品的全自主完成。

如图 4 所示是"剪刀石头布"人机对战中判断胜负条件的留白。

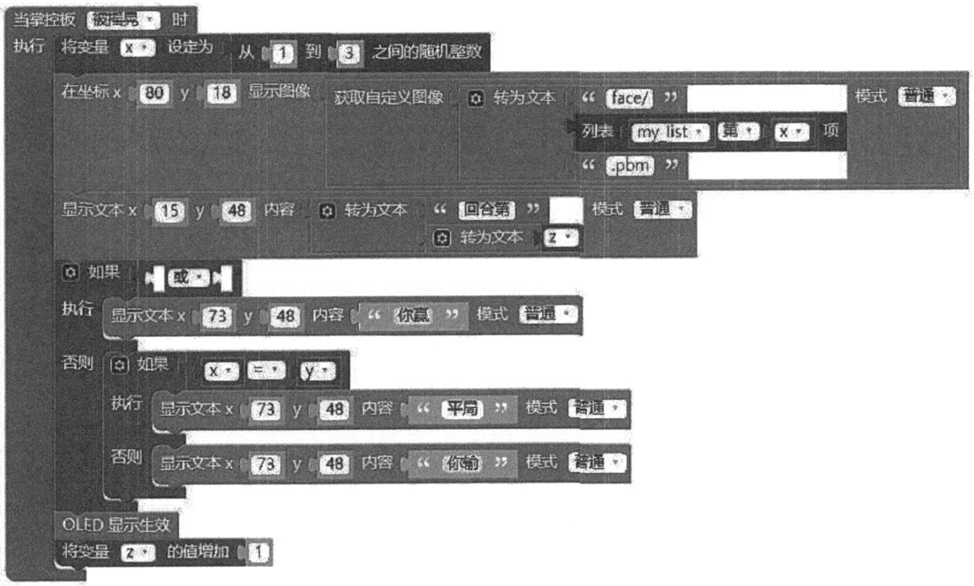

图 4　掌控板"剪刀石头布"人机对战的部分程序

开源硬件作为创新能力培养的平台，不仅有效地提高了学生学习的兴趣，使学生乐于合作、分享和创作，而且对于信息技术学科教学而言，运用掌控板开源硬件也起到了非常有效的辅助作用。但教师需要在新课标课堂教学的理念下，运用智慧，创造性地使用这些设备，设计出优秀的实践活动项目。让我们共同努力，期待信息技术课程有更美好的明天。

参考文献

[1] 谢丹艳，彭海静. 面向创新思维培养的开源硬件课程的教学改革［J］. 电脑知识与技术，

2022，18 (1)：170 - 172.

[2] 秦维超，戴晓芬. Python 编程学习中巧用开源硬件提升问题解决能力 [J]. 中国信息技术教育，2022 (1)：62 - 63.

[3] 芮清. 利用开源硬件掌控板开展小学科学实验教学 [J]. 中小学数字化教学，2021 (2)：59 - 62.

（此文荣获 2022 年度全国教育技术论文评比创新论文奖）

15. 信息技术在高中语文诗歌教学中的融合与运用

吴安琪

摘　要：本论文以高中诗歌教学为例，浅谈信息技术在诗歌教学中的融合与运用。诗歌地位被各界公认，诗歌教学备受关注。反观当下，信息技术的发展日新月异，融合运用的精彩场景层出不穷。依据部编教材的选文变化，响应课程改革的实践背景，针对当前诗歌教学的普遍困境，笔者通过案例研究、师生访谈、调查问卷及教学反思等形式，总结出六种融合信息技术开展诗歌教学的有效策略：前置性的学习任务，激发主动性；具体化的学情呈现，增强针对性；丰富化的教学手段，提高参与度；情境化的诵读指导，强化体验性；交互式的学习方式，突出开放性；个性化的主题活动，着眼创造性。

关键词：信息技术；高中语文；诗歌教学；融合运用

诗歌，作为四大文学样式之一，承载着厚重的历史文化，担负着重要的审美功能。独特的书写与丰厚的浸润，使得它成为世人生活的精神食粮，也使得它化身语文教育的重要领地。

部编人教版教材 5 册中，共收录了 48 篇诗歌作品，篇幅众多，涉及古今，囊括中外。这些诗歌造诣颇高，各具风格，极具经典性与代表性。从人文价值来看，在原有基础上，进一步突出了红色经典与革命文化，充分体现了语文课程的育人功能。总体而言，选文政治视野相对开阔，审美意蕴较为丰富，时代气息益加凸显，主流价值颇为彰显。

诗歌地位各界公认，诗歌教学备受关注，然而，在实际生活中，诗歌的教学现状却不容乐观。教学方式仍较传统，学生兴趣明显不足，教学效能整体偏低。诗歌教学，何去何从，是一个值得深思的问题！

当今时代，信息技术的发展日新月异，融合运用的精彩场景层出不穷。融合信息技术，开展诗歌教学，唤醒学生个体自觉，激活诗歌文本价值，具有重要意义。

一、融合信息技术开展诗歌教学的实践背景

（一）课程标准中的相关教学目标

1. 关于诗歌与教学

在学习任务群5——"文学阅读与写作"中，课程标准明确提出，要通过诗歌等文学体裁，"使学生在感受形象、品味语言、体验情感的过程中提升文学欣赏能力""提高审美鉴赏能力和表达交流能力"，引导学生"继承和弘扬中华优秀传统文化、革命文化、社会主义先进文化"，培养全民文化自信，推动当下文化创新。

2. 关于技术与运用

2017年版课程标准对高中语文教学提出了"探索信息化背景下教与学方式的转变""构建开放、多样、有序的语文课程"等要求。在语文教学活动中，要积极探索基于网络、合于信息时代的教学改革，创设语文学习的真实情境，构建具有交互功能的网络学习生态，在跨文化、跨媒介的教学活动中培养学生自主性与创造性。

（二）课改背景下的诗歌教学现状

虽然社会各界都极为重视诗歌的教与学，虽然课程标准对诗歌教学提出了较高要求，对技术融合发出了大力呼吁，但是在实际生活中，诗歌的教学现状却不容乐观。笔者通过实践与调查，针对本校教学年级发放调查问卷，得出以下结论：

1. 教学方式仍较传统

功利化的目的、应试化的教学，使得许多老师在日常的诗歌教学中以考试为中心，教师填鸭式、"一言堂"地讲，学生应试式、机械化地记，扫描典型意象，罗列表现手法，回忆答题步骤，按部就班。

同时，有些教师却习惯于纸质教材，疲于改变。愿意接受、学习新媒体的教师，很大一部分也多是局限于备课阶段，或也仅是停留在课件使用上。

2. 学生兴趣明显不足

大多数老师着力于应对考试，大多数学生疲怠于"套路刷题"，未能在多元化、开放性、立体化的语文实践活动中真正提高语文素养。面对教材上如此文质兼美的诗歌文本，不少学生缺乏兴趣，无法调动情感体验与美学素养，更不用说课标中所要求的课外的自主阅读与个性化的诗歌创作。

表1 高中生对诗歌课程的喜爱程度统计表

对诗歌课程的喜爱程度	非常喜欢	一般	不喜欢	十分反感
比例	11%	40.2%	34.5%	14.3%

表 2　高中生诗歌作品的课外阅读统计表

在课堂学习之外，是否有阅读诗歌作品的习惯？	经常阅读	偶尔阅读	从不阅读
比例	9.1%	39.3%	51.6%

表 3　高中生诗歌创作统计表

你曾经创作过诗歌吗？	创作过三首及以上	创作过一至二首	从未创作
比例	9.1%	19.3%	71.6%

3. 教学效能总体偏低

实际教学中，教师往往教会了学生诗歌鉴赏的专业术语与答题步骤，却没能引导学生进行体验与探究。类型与模式可以背诵，环节与步骤能够教授，学生却并未能真正透过文字走近诗人，主动体验读懂诗歌，这使得诗歌的应试常常面临手持丰富套路与术语、却无法理解、无从下笔的尴尬。

二、融合信息技术开展诗歌教学的现实意义

（一）有利于课程标准的具体化实践

诗歌作为四大文学样式之一，历来是语文教学的重要板块与高考考查的热点领域。在部编版教材中，诗歌类作品占据了大半壁江山，其地位可见一斑。

融合信息技术开展诗歌教学是落实课程标准的具体化实践，是信息化时代的必然性要求，也是着眼于学生审美能力与信息素养有效发展的重要性举措。

（二）有利于教学方式的突破式改革

信息技术与诗歌教学的融合，"不是一种媒体技术的简单使用与组合（即代替板书和增加视听效果），而是把现代教育技术的理念、技术融合到教材、备课、课堂各环节，以及对学生评价等一系列环节中"。基于信息技术的诗歌教学，是对语文课程改革、教学方式变革的积极探索与有效研究。

（三）有利于学生素养的全面性发展

高中的诗歌教学，如能使用多媒体、跨媒介，以补充网络资源的提供，致力于阅读平台的建设，借助于丰富化的教学资源与手段、精准化的学情反馈与分析、情境化的阅读探究与体验，就能更好地激发学生的情感欲望，唤起学生的审美注意。信息技术的融合，有助于形成互动式的学习环境，有利于导向多样化的学习过程，有益于学生在开放式的语文实践中自我构建、深度鉴赏，从而形成理解力、探究力、合作力与自主学习力。

（四）有利于经典文化的有效性传承

文学是人类的精神家园，部编版教材中的诗歌选文题材丰富、风格多样，其中蕴含的文化价值与审美特征，与"审美鉴赏与创造""文化传承与理解"息息相关，对语文核心素养的落实有着不容小觑的作用。

我们希望，融合信息技术开展诗歌教学，创设情境，搭建平台，引导学生更进一步地、更加自主地担负起文化传承的使命。在丰富的实践活动中，与这些文学巨匠、经典作品达到情感上的共鸣，实现跨时空的交流。在这些独特的作品、个性化的生命中，受到更多的精神滋养，去感受苦难困厄中的自我意识，去体验跌宕起伏中的精神突围，去激荡峥嵘岁月中的家国情怀，去品味朴实生活中的人间真情。

三、融合信息技术开展诗歌教学的实践运用

（一）可行媒介

1. 技术软件：PPT、Flash 动画软件等。

2. 交流平台：微信群、钉钉等。

3. 应用程序：作业登记簿、问卷星、喜马拉雅、为你读诗、西窗烛、古诗词大全、国学经典、全民 K 诗等。

4. 校园新媒体、录播教室等。

（二）运用策略

1. 前置性的学习任务，激发主动性

高中语文课程标准向高中学生提出如下要求：要借助"多媒介获取信息"，"学会灵活使用常用语文工具书和网络，检索所需的信息和资料"。

当代学生有着得天独厚的优势，他们生活在信息时代，熟悉于现代科技，能够娴熟自如地运用网络，能够多媒介、多渠道地获取既全面又丰富的知识。如此便捷的条件，如此丰富的资源，使得前置性的学习任务成为可能。老师可以在课前给学生发布预习任务、提供微课资源，让学生通过查阅书籍、浏览网页或查看微信公众号等方式来完成自主预习、了解诗歌背景。

学生课前的充分预习，将有助于课堂教学的顺利展开，更有助于学生阅读视野的拓展与主动权力的掌握。前置性的任务发布与资源提供，教师可以借助"作业登记簿"（微信小程序）及微信群等，以网络微课激趣、学生自主梳理、教师学案引导等形式展开。

运用案例：如在讲授《再别康桥》一课时，笔者采用了学生自主梳理的前置性学习方式。第一步，在微信小程序——"作业登记簿"上发布了以下前置性学习任务：1. 徐志摩为何如此眷恋康桥？2. 哪些诗句最能体现徐志摩对康桥的深情？第二步，学

生在自主接触教材、结合注释解读之后，查阅资料、浏览网页、观看视频以进一步了解文本与背景。有些小组精心挑选、备好视频资料，有些小组自主创新、合力制作微课，有些小组广泛查阅、整理出丰富的文献信息……第三步，正式上课时，同学们利用教室多媒体进行小组展示。

运用效果：有了充分的课前准备，有了丰富的信息资源，有了主动的接触了解，同学们都表现得十分踊跃，用深情点染了文本，用个性化阅读激活了诗歌教学。在课堂上，有小组发言："'沉淀着彩虹似的梦'一句最能体现徐志摩对康桥的深情，其中包含着作者对美好过往的依依不舍与对理想破碎的深深无奈。"笔者借此追问："为何美好已成过往，为何理想面临破碎？"由于课前在网络上的自主查阅与广泛浏览，同学们的库存被激活，自然生发，自然联系到写作背景，进而理解了一位知识分子对爱与自由执着的追求。学生主动投入的语文实践活动、高度参与的诗歌教学课堂，不仅活跃了氛围、激活了思维，而且使得学生对知识点记忆深刻。这样的前置性学习，既能锻炼学生主动搜集资料的能力，又能提升学生自主梳理、归纳分类的水平，融合了信息技术，深化了课堂教学，打破了学生与诗歌之间的理解障碍，真正打通了学生与诗歌的有效链接。

2. 具体化的学情呈现，增强针对性

高中语文课程标准提出：教师应"为学生提供观察记录表、等级量表等自评互评的工具，促进学生不断进步"。融合信息技术，基于网络平台，教师能更便捷地借助等级量表，借助微信群与问卷星等平台，在课前掌握学生学情，在课后跟踪学习情况，变照本宣科为具体化分析，变"满堂灌"为针对性教学。

2020 年，应防疫要求，全面展开网上教学。网课期间，笔者任教学校恰好进行诗歌教学。在作业登记簿、微信群等平台发布课前学习任务、提供自主学习资料之后，我会运用信息技术手段，通过问卷星，快速了解学生的学习状态与预习情况，根据后台反馈以安排授课重点及开展方式，采用相应教学策略，兼顾时间与效率。借助学生群与问卷星等平台进行学情具体化分析的形式，不仅作用于网课，也同样有助于线下教学。如对某一知识点出现大面积的疑问时，教师可及时通过信息技术终端了解情况，并在课堂教学中集体释疑解难。

运用示例：在进行古诗文"因形悟神，因物寻志""融情造境，缘景明情"等专题教学时，笔者共设计了 25 份问卷星，以选择题、判断题、填空题、问答题的形式，进行课前预习检测与课后效果调研。

表 4　网课期间古诗文教学问卷举隅

诗歌专题	问卷星链接
融情造境，缘景明情	https://ks.wjx.top/m/56697843.aspx

续表

诗歌专题	问卷星链接
读懂诗词	https：//ks.wjx.top/m/55175865.aspx
抓住情感信息 掌握情感基调	https：//ks.wjx.top/m/55470459.aspx
因形悟神，因物寻志	https：//ks.wjx.top/m/56316439.aspx

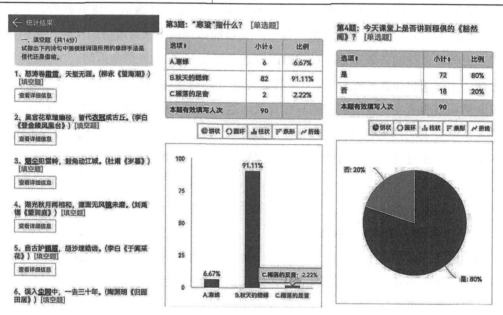

图1　网课期间部分问卷星截图

运用效果：借助信息技术，进行便捷化的信息获取，展开具体化的学情分析，便于教师恰当地运用信息技术，根据学生情况设定教学重点，根据学生反馈选定教学环节组合方式，有针对性地将更有价值的内容带给学生。由于诗歌文本短小，不受篇幅限制，非常适用于问卷星的发布形式。

3. 丰富教学手段，提高学生参与度

（1）依托视频资源，实现高参与。实验心理学家赤瑞特拉通过多次实验证实，人类获取的信息83%来自视觉，11%来自听觉，这两个加起来共94%。还有3.5%来自嗅觉，1.5%来自触觉，1%来自味觉。由此可见，课堂上单纯通过听讲所获取的信息量，与通过多媒体体验所获取的信息量还是有一定差距的。

运用案例：在讲授闻一多的《红烛》一课时，为了让学生深刻感受民族战士的红烛精神，我通过网络搜索播放了《最后一次讲演》的视频；在讲授毛泽东的《沁园春·长沙》时，为了让学生充分体验少年豪情与家国担当，我利用多媒体为学生展示了电视剧《恰同学少年》中少年中国说这一视频片段；在学习杜甫诗歌时，为了让学生了解沉郁顿挫之四字，源于人格，见于诗风，我通过微信群推送了《百家讲坛》之《杜甫诗圣之谜》；在学习诗歌的过程中，为了进一步让学生领略腹有诗书气自华的独特魅力，真正爱上诗歌，我利用晚读，依托校园网络环境，为学生播放央视《中国诗词大会》节目，同赴一场又一场诗情与文采激荡的文化盛宴。这种立体化的信息接收，促使学生体验得更真切，也促使课堂参与更为主动；高参与感的课堂形式，使得诗歌理解更为深入，也使得诗歌学习成为自觉。

（2）依托文献资源，实现深入探究。在诗歌教学中，教师的认知层次，往往在一定程度上决定了学生的思维深度。而教师的认知层次又取决于其固有的教学观念与自身的专业素养。管窥蠡测，终将难成大器。思接古今，方能游刃有余，而教师的素养并非天成，教师的功底来自努力，既在教中学，又在学中教。因此，教师可以充分利用诗歌或教学、教育网站，有效借助优质资源，提高基础知识水平，实现诗歌课堂深度教学。

文献来源：一是诗歌相关网站，如古诗文网等；二是学术性网站，如万方、知网等；三是优秀教学案例资源网站，如学科网、人民教育出版社官方网站等。

运用案例：为了讲授"诗中圣哲心，笔底波澜意——杜甫漂泊西南期诗歌之群阅读"这一课，我共查阅知网硕博论文33篇，最终，本教学专题以杜甫沉郁顿挫之诗风为集结点与切入点，借由杜甫漂泊西南期组诗，逐步分析其沉郁顿挫之诗风的具体表现、成因与影响，设置了"品诗，识风格""读人，解情怀""承志，继先贤"三个环节。

运用效果：通过专题研读与问题设计，重点分析诗中所用意象、意境特征、人物形象与情感节奏，渗透以杜甫深沉的家国之爱与广袤的仁者情怀，体验诗作特色，提高鉴赏能力，真正了解"沉郁顿挫"这一诗歌风格。此外，本教学专题力求创设综合性的学习专题与情境，促进学生进行自主、合作、探究学习。思维的深度，课堂的深度，来源于见识的广度，得益于信息时代的共享度与开放度。

4. 情境化的诵读指导，强化体验性

钱理群先生曾说："文学的教育，声音某些时候显得尤其重要，因为尝试多元化的声音对生命产生触动，会碰撞出特别的情感。文学是感性的，而不是理性的。所以朗读，用心朗读，是感受文学的一个重要方式。"诗歌不同于其他文学样式，需要诵读去感悟，去激活，需要教师为学生创设情境，为学生的审美活动提供条件。

（1）依托信息技术，提供诵读指导：在讲授郭沫若《立在地球边上放号》一课时，为了形象展现郭沫若狂飙突进的五四精神、火山爆发式的情感抒发、浪漫主义的艺术特征，笔者借助校园多媒体，播放央视现场朗诵视频，学生顿时被激昂的朗诵点染，不由自主地放开声音，发自内心地投入感情去跟随作者大声朗诵，淋漓尽致地吼出了这位革命斗士追求自由的革命豪情。

在讲授李清照《声声慢》一课时，为了表现入声的处理方式，我通过网络播放《声声慢》粤语朗读版。为了突显诗人心中抑郁不平之气，我搜索众多朗诵视频，最终选定著名演播艺术家姚锡娟的朗诵视频。入声字的急促，情感字的重读，朗诵者动情投入的朗诵，顿时让学生身临其境，具有极强的体验感与带入性，深切体味其意境之悲凉，心境之不平。

（2）融合信息技术，搭建诵读平台：在讲授李白《将进酒》一课时，我给学生播放了胡乐民演绎式的朗诵视频。飘飘衣袂，悠悠酒韵，飒飒诗情，给学生留下了深刻印象，让学生产生了浓厚的诵读兴趣。借助学校录播室，我特别录制了"傲骨纵山水 诗酒咏风流"朗诵视频，用信息技术指导诵读并记录美好，用信息技术搭建平台让学生主动参与、积极展现，有效激发学生参与度，真正练就学生鉴赏力。

5. 交互式的学习方式，突出开放性

"阅读教学中的最大失误，是用教师对语文知识的认识结果代替学生对语文知识的认识过程。"信息化环境下的诗歌教学，有利于师生运用多种媒介方式和技术手段呈现学习内容，开展教学活动，有助于形成交互式的学习环境，形成共建共享的学习共同体，突出诗歌教学的开放性与多元性。

（1）依托网络多媒体，共讲一首诗

运用案例：在讲授毛泽东的《沁园春·长沙》之后，笔者给学生布置了如下课外拓展活动——

①为你讲诗：以小组为单位，自行查阅资料，自行制作课件视频，利用教室多媒体讲述《沁园春·长沙》与《沁园春·雪》之异同。

②为你品诗：让学生通过多媒体查阅文献，收集资料，自选角度写作《沁园春·长沙》诗评，发布在微信小程序作业登记簿上，教师批阅展示。

③为你写诗：让学生以《沁园春·家乡（具体地名）》或《沁园春·初中（具体校名）》为题，进行诗歌创作，发布在微信小程序作业登记簿上，由学生分小组进行批阅留言，每组选出一篇最佳作品。

④为你读诗：每组选出的最佳作品，在课堂中利用多媒体展示分享，最终将每班选出的 10 篇入选作品及读诗视频汇集在美篇中，同时将作品美篇与问卷星投票链接分享在学生微信群与家长微信群中，共同投票产生"最美校园奖""最美青春奖""最美家乡奖""最美读诗人"。

运用效果：借助于信息技术，笔者利用网络资源、校园多媒体、小程序、微信群，实现了经典诗歌作品的师生共讲，实现了原创诗歌作品的网络展示与社会投票，真正把时间留给学生，把机会还给学生。这样的诗歌讲授形式，这样的互动学习方式，成为鼓励学生继续独立思考、提高思维能力、创造能力的不竭动力，成为培养学生思维发展与提升、审美鉴赏与创造的绝妙起点。

（2）依托学习共同体，共研一处疑

运用案例：在讲授《诗经》中《无衣》一诗时，我给学生留下一个课后讨论题，要求线上共同讨论——为何诗中三次提到"岂曰无衣"。到了约定的讨论时间点，同学们相聚微信群，各抒己见，共话语文。有了网络的资源，学生能更好地根据需求进行资料查阅，依据疑惑开展自我探寻，在微信群中形成学习共同体；有了学习共同体这一平台，教师从"舞台上的智者"，转变而为"边上的引领者"，适时点拨，"有意设难"，促成学生的相互交流，思维碰撞。

6. 个性化的主题活动，着眼创造性

苏霍姆林斯基曾说："在每个人的心灵深处，都有一种根深蒂固的需要，就是希望感到自己是一个发现者、研究者、探究者。"2017 版高中语文课程标准也同样提出类似要求。如何借助信息技术的力量，利用信息时代的优势，鼓励自主阅读、自由表达，是一个值得深思的问题。

结合语文教材特色与学生实际情况，笔者综合利用课堂及课余时间，充分挖掘假期价值，尝试了以下三种主题活动形式：

（1）连接网络资源，鼓励个性化的诗歌鉴赏与创作：以班级为单位，创建古典诗歌交流平台，鼓励学生积极创作，上传交流平台，共阅共赏，以此增强了学生的诗歌鉴赏力与创作原动力。

图 2　校园诗词大会活动剪影

（2）借助媒体软件，开展主题式的擂台活动：如借鉴中国诗词大会，举办校园诗词大会，促进学生在竞技中自主品诗，由衷爱诗。

（3）依托信息技术，推进研究性学习活动：鼓励学生借助课外时间，以问题为核心，以研究性学习为依托，通过多媒体查阅文献，收集资料，展开深入化的研读与个性化的写作。

四、融合信息技术开展诗歌教学的运用效果

（一）突破与成绩

1. 学生阅读能力与写作水平明显提高

从阅读量来看，前置性的学习任务与个性化的主题活动极好地激发了学生的主动性与创造性，一定程度上保证了学生的读书热度。从写作量来看，每位同学基本都完成了诗歌鉴赏、文学评论、诗歌原创等多种形式的写作。

2. 学生对专题学习满意度高，兴趣感浓

在每年一次的教学评价中，2015—2016 学年度研究者评价获得 A 率 81％，展开信息技术与诗歌教学相融合的干预后，2018—2019 学年度研究者评价获得 A 率 97.8％，2019—2020 学年度高达 100％。

3. 学生语文知识应用能力显著提升，成绩进步较大

借助信息技术，革新诗歌教学模式，培养了学生学习语文的兴趣，促进了学生语文素养的全面提高，有效提高了执教班级的语文成绩。在第十五届海口市青少年科技创新大赛中，3 名同学获得科学论文二等奖，4 名同学荣获科学论文三等奖。在校级"我的中国梦"征文比赛中，4 名学生分别获奖。在校园文化节经典诵读比赛中，1 名同学获得一等奖，并代表学校参加"诵读中国"诗朗诵比赛。所执教的实验组班级在多次考试中取得了优秀的成绩。

表 5　执教班级语文成绩及排名表

实验班级	高一分班成绩		高二上段考		高三一轮模拟	
	平均分	排名	平均分	排名	平均分	排名
17 班	81.4	11	77.5	6	94.1	1
18 班	86.3	4	81.7	1	92.3	2

（二）反思与不足

当然，在融合信息技术开展诗歌教学的过程中，也遇到了不少实践难题：

1. 如何处理好技术与文本的关系，不喧宾夺主？

2. 如何使信息技术与诗歌教学的融合更为系统、更为高效？

当你觉得困惑感到艰难之际，正是即将有所突破、有所收获之时。在教学中所遇到的困惑，虽未能完全得到解答，却给了笔者更多思索与探讨的机会。教师，是一个播种爱心、收获希望的幸福者，是一个濡染心灵、点化生命的陪伴者，更应是一个孜孜不倦、自省不断的学习者。在教中不断学，于学中用心悟！

参考文献

[1] 中华人民共和国教育部. 普通高中语文课程标准（2017 年版 2020 年修订）[M]. 北京：人民教育出版社，2020.

[2] 人民教育出版社课程教材研究所，中学语文课程教材研究开发中心. 普通高中教科书 语文读本 [M]. 北京：人民教育出版社，2020.

[3] 顾黄初，顾振彪. 语文课程与语文教材 [M]. 北京：社会科学文献出版社，2001.

[4] 张鸿苓. 语文教育学 [M]. 北京：北京师范大学出版社，1993.

[5] 王文彦，蔡明. 语文课程与教学论 [M]. 北京：高等教育出版社，2006.

[6] 苏霍姆林斯基. 给教师的建议（修订版） [M]. 杜殿坤，编译. 北京：教育科学出版社，1984.

[7] 闫晓敏. "跨媒介阅读与交流"运用研究：以高中现当代诗歌为例 [D]. 石家庄：河北师范大学，2020.

[8] 叶文诗. 新媒体视域下的高中古典诗歌教学研究 [D]. 厦门：集美大学，2020.

[9] 秦丽. 新课改背景下高中古典诗歌教学策略研究 [D]. 武汉：华中师范大学，2019.

[10] 杨旭丽. 新课标下语文教学跨越式发展整合模式的探索 [J]. 中小学电教，2007（12）：25 - 28.

[11] 何克抗. 多媒体教育应用的重大意义及发展趋势 [J]. 现代远距离教育，1997（1），6 - 11.

[12] 李波. 谈谈古诗教学的几种方法 [J]. 全国优秀作文选（写作与阅读教学研究），2019（1）：63 - 65.

[13] 中华人民共和国教育部. 普通高中语文课程标准（2017 年版）[M]. 北京：人民教育出版社，2018：15.

[14] 中华人民共和国教育部. 普通高中语文课程标准（2017 年版）[M]. 北京：人民教育出版社，2018：5.

[15] 杨旭丽. 新课标下语文教学跨越式发展整合模式的探索 [J]. 中小学电教，2007，（12）：25 -28.

[16] 中华人民共和国教育部. 普通高中语文课程标准（2017 年版）[M]. 北京：人民教育出版社，2018：25.

[17] 中华人民共和国教育部. 普通高中语文课程标准（2017 年版）[M]. 北京：人民教育出版社，2018：16.

［18］何克抗. 多媒体教育应用的重大意义及发展趋势［J］. 现代远距离教育，1997（1）.

［19］李波. 谈谈古诗教学的几种方法［J］. 全国优秀作文选（写作与阅读教学研究），2019（1）.

［20］王文彦，察明. 语文课程与教学论［M］. 北京：高等教育出版社，2006：229.

［21］苏霍姆林斯基. 给教师的建议（修订版）　［M］. 杜殿坤，编译. 北京：教育科学出版社，1984.

（此文荣获 2022 年第十二届"中国移动'和教育'杯"海南省教育技术论文活动一等奖）

16. 借助信息技术提升高中语文整本书阅读有效性的策略探究

杨 琪

摘 要：信息时代的飞速发展为高中语文"整本书阅读与研讨"提供了更多元化的阅读发展空间，科学合理地借助信息技术更能有效促进整本书阅读，实现新课标的育人目标。

本研究正是从时代背景出发（第一部分），结合建构主义、最近发展区等理论依据（第二部分），分析了借助信息技术提升高中语文整本书阅读有效性的现实意义（第三部分）。最后重点探究学习者有效实施的具体策略，旨在打破阅读学习的过程局限，改变传统单一的阅读方式，构建阅读共享平台，强化阅读过程，关注阅读反馈，养成自主阅读的习惯，获取终身阅读学习的能力（第四部分）。

关键词：信息技术；整本书阅读；高中语文；有效性策略

一、主要研究背景概述

（一）信息技术教育的时代需求

在如今全球化的背景下，尤其在经历新冠疫情过程中，信息技术更是对教育提出了新的挑战和提供了新的发展契机。智慧校园建设、线上线下混合式学习、翻转课堂等新词热词都反映了时代对信息技术教育的迫切需求。信息技术革命带来的教育资源丰富化、教学方式多样化、教学成效反馈及时、教育平台便捷等影响，给教育教学提供了诸多意想不到的多元化发展空间。

面对着越发快节奏、碎片化、娱乐化的教育背景，高中语文教育更需静心沉思，勇敢担负起正面利用信息技术，创设更广阔语文教育空间的历史使命。

（二）新课程改革的引导性转变

2017 年《普通高中语文课程标准》也提出高中语文课程应"把握信息时代新特点，积极利用新技术、新手段，建设开放、多样、有序的语文课程体系，使学生语文素养的发展与提升能适应社会进步新形势的需要"。

与此同时，高中语文新课程设置的"整本书阅读与研讨"的学习任务群更是贯穿必修、选择性必修和选修三个阶段，占据高中语文学习的重要位置。现今有效落实整本书阅读教学成为高中语文教育的共识，然而以必修课程的整本书阅读单元书目《乡土中国》《红楼梦》为例，课程仅安排了 18 个课时来完成一部学术著作和一部长篇小说的阅读学习，如此重要的学习任务及实际操作存在的难度系数，无疑意味着"整本书的阅读与研讨"必须借助课外时间，借助有效乃至高效的阅读方式和阅读指导，才可能实现相应的学习目标，而这正启示了我们，高中语文必须更加重视新时代课程的教育背景，从网络时代、从信息技术领域获取新的教育理念和教学方式。

二、借助信息技术提升高中语文整本书阅读有效性的理论依据

（一）建构主义的学习观

建构主义认为，我们每个人都是以自己已有的知识经验为基础来建构现实的，我们自身的经验世界都是用自己的大脑创建的。因而在教学的过程中，学习并不是简单机械地由教师把知识一一讲解传递给学生，而是由学生主动地建构挖掘知识的意义，这种建构是无法由他人来代替的。

因而本文的探究策略更多是以学生为主体，借助信息技术来提升学生整本书自主阅读的成效，信息技术的利用不是替代弱化学生的自主学习能力，而是以更为直观更为有效的方式呈现知识建构的过程，寻找学习成长的逻辑规律，强化培养学生的未来学习能力。在这个过程中，教师不仅是教学活动中的引导者，也是信息技术背景下的学习者和建构者，师生之间呈现出更多的教学交互性。

（二）最近发展区理论

苏联著名心理学家维果斯基指出儿童有两个发展的水平，第一个是现有的发展水平，表现为儿童能够独立地、自如地完成教师提出的智力任务。第二个是潜在的发展水平。即儿童还不能独立地完成任务，而必须在教师的帮助下，在任何活动中，通过模仿和自己努力才能完成的智力任务。这两个水平之间的幅度则为最近发展区。

新课程改革提出了 18 个专题研讨学习任务群，大胆地提倡进行大单元情境式教学活动，而对于整本书的阅读与研讨，实质上就是希望教师能够切合学生具体学情，观察学生的潜在发展空间，利用信息资源，借助网络平台，科学引导，设置多元化的阅读任务，呈现多彩的阅读成果，充分激发学生的阅读兴趣，持续性激起学生自主阅读思考的积极性，给予学生更充足的阅读与表达空间，使学生的整本书有效阅读得到最大化发展。

（三）新课标的基本理念

作为基础学科，"语文课程是一门学习祖国语言文字运用的综合性、实践性课程"，它本就担负着与众不同的育人作用。我们培养的是面对瞬息万变的全球化时代的人才，培养的是满足社会多样化需求的未来人才，所以我们注重学生核心素养的构建，终身学习能力的建设。

因而在"跨媒介阅读与交流"学习任务群中也提出学生要"掌握利用不同媒介获取信息、处理信息、应用信息的能力。学习运用多种媒介展开有效的表达和交流"的内容，而在整本书阅读过程中，师生的共同追求本质是探索规划阅读整本书的途径，形成和积累阅读经验，掌握一定的阅读能力，以高中课程学习任务为圆心，推己及彼，满足学生未来的阅读需求，塑造个性化的阅读方式，成长为一个与时俱进，适应信息技术背景的终身学习者。

三、借助信息技术提升高中语文整本书阅读有效性的现实意义

（一）打破阅读学习的资源局限，有助于满足多元化的阅读需求

信息技术的蓬勃发展打破了时间空间的局限，用一根网线承载起人类的智慧结晶，而网络平台也逐渐地将人们所需要的各式资源更多地呈现出来。无论是教师还是学生，都可以最大限度地利用网络平台搜集获取更多的教育学习资源，这些资源内容丰富、形式多元、更新及时、关联性强，甚至有一定的系统性，极大地满足了学习者多元化的阅读需求。它们不是机械的过去时，反而会随着需求越发系统化，出现越来越多的专业平台。

（二）改变传统单一的阅读方式，有助于培养更科学的阅读能力

在资源以及平台有限的情况下，我们的整本书阅读更多是围绕着核心纸质书进行品读的单一模式。但随着局限的打破，我们不单可以阅读手头拥有的纸质书籍，还可以大量收集整合相关的知识材料拓展，可以通过听书的方式获取阅读内容，可以通过视频资料深化阅读效果，可以线上互动分享阅读成果，可以平台检测阅读情况，等等。这些多元化的阅读方式，改变了传统单一的阅读方式，调整了单调的阅读途径，增加了更多阅读的趣味性和交互性。只要我们设计更为科学合理，新式阅读将迸发出更多的生命力，使学习者获取长足的阅读能力。

（三）建立专业化的阅读平台，有助于实现共享反馈的激励成效

面对网络时代的庞杂信息，有时尚未建立辩证思维缺乏经验的学生很容易迷失在浩如烟海的环境中，所以我们更应该给学生建立起专业的阅读平台，垂直深耕，追求精专，营造资源丰富、筛选专业、自由宽松的阅读环境，既有个人化阅读又有共享阅读的

空间。同时，平台不仅能够记录分享，呈现阅读经过、阅读成果等内容，更要有师生、生生及时反馈、自主评价和他人评价等相关版块，如此交互的过程才能起到阅读激励的成效，方可追求持续长久的阅读发展，获得阅读的满足感和幸福感。

四、借助信息技术提升高中语文整本书阅读有效性的具体策略

在该部分为了更直观地展现各式借助信息技术的阅读策略方案，笔者将进行分类探究。但在"整本书阅读与研讨"专题的实际教学过程中，教师应因地制宜、实事求是、交叉融合、科学合理地有效实施相关策略，综合应用。另外，在具体策略探究部分侧重以必修模块的《乡土中国》《红楼梦》为例，旨在凸显文本的针对性。

（一）进行资源拓展，整合阅读学习的内容

1. 文本资源

因为网络时代给我们带来了非常庞杂的文本资源，所以我们应尽可能在涉猎的内容上精挑细选，挑选出符合学情、具有可读性、针对性、典范性的文本资源。那么首先我们就要借助线上线下平台进行信息对比，筛选出整本书阅读的核心书目（建议学生人手一本纸质版本），这是整本书的骨架依托，然后围绕该选中书籍，借助信息技术平台查找搜集、丰富整合整本书阅读的学习资源，让混乱无序化的文本资源呈现出有序化和黏合性，使整本书阅读更具有高度和针对典范意义。

例如在进行《乡土中国》的"整本书阅读与研讨"的活动中，笔者在线上线下诸多书目版本的对比中，挑选了重庆出版社的版本实施教学引导。作为一本学术著作，高一学生对于此类书籍阅读理解本就存在很大的难度，但该版本结构明晰，从知识导入到文本安排、重点解析、拓展思考、练习检测等内容贴合学生的学习成长规律。

然后以此为核心书目，我们需要从信息平台中筛选、整合或是推荐大量的相关阅读资源，尽可能满足学习者阅读过程中的基本需求和最近发展区需求。文本推荐如张冠生的《费孝通传》，邓彤和王从华的《〈乡土中国〉整本书阅读》，关惠文，肖蔓菲和叶硕的《如何阅读〈乡土中国〉》，河海大学出版社出版的《乡土中国》教辅书，陈忠实的《白鹿原》，《赵树理》《赵树理集》《赵树理传》等乡土小说和相关硕博期刊论文等；内容选择上如费孝通先生的生平经历、代表著作和经典观点介绍，本书的逻辑结构梳理，关键词概念总结，必修教材家乡文化单元材料等；收集途径可以是电子图书馆、学科网、正确云、中国知网、超新星等各类网络平台。这些资源仅靠一本核心书籍是无法实现的，所以必须借助信息技术有效整合（建议分成基础类、拓展类和探究类），根据学习者需求系统清晰地向众人呈现。

2. 音频资源

音频资源大致分为朗读原文和赏读品析原文两种类别，更多地适用于移动场合或是室内环境等场合，在潜移默化的过程中进行知识输入，加强整本书阅读的印象。现在较有针对性的听读软件很多，例如"樊登读书""喜马拉雅""猫耳"等等。

例如喜马拉雅上就有《乡土中国》《红楼梦》的全文范读，《名师精讲乡土中国》《红楼梦文化评书》《蒋勋细说红楼》等内容，樊登读书上有樊登浓缩的《乡土中国》品读版本、听读检测，还有费孝通先生的《生育制度》等相关作品音频。

它们改变了单一的整本书阅读学习模式，极大地扩展了整本书的阅读空间，但围绕高中"整本书阅读与研讨"书目开展的专业系统化音频资源有待完善。

3. 视频资源

视频资源有其独特的魅力优势，它以一种可感的具象化方式呈现，一定程度上满足了学习者的想象空间，尤其随着信息技术的发展，视频内容的丰富、画面的色彩、技术的调度等很多时候都极大地调动了学习者的阅读兴趣，也会激发阅读的碰撞，产生新的阅读体验，如此形成的阅读印象也更为持久。

然而在教学过程中，我们发现视频资源更接近于综合性资源，即综合了文本和音频的内容，因而它的丰富度涵盖甚广，成为一个集合体，而之前央视《朗读者》节目对相关阅读书籍的推荐和后续引导作用我们有目共睹，这正是此类资源的正面效用。

那么像《红楼梦》这样的经典著作，其优秀的视频资源更是值得我们进行整本书阅读的拓展升华。激发兴趣类如小戏骨版《红楼梦》、木鱼水心红楼系列、央视纪录片《曹雪芹与红楼梦》，经典对照类如87版红楼，大家赏析类如百家讲坛"刘心武揭秘红楼梦"，等等，在校学生可以利用晚读或者阅读课时间进行观看，激发更多阅读原文的兴趣，汲取更多的阅读资源。

（二）强化阅读过程，养成自主阅读的习惯

拥有丰富化的资源固然奠定了阅读的基础，但整本书阅读更为重要的是贴合阅读实际过程，准确把握学生阅读情况，及时调整阅读方案，督促学生有效阅读，具体落实阅读成果。由此笔者提出阅读过程中三种较为常见且易操作的阅读促进方式。

1. 问卷调查类

通过问卷调查，我们更能透过鲜明的数据实时反映整本书阅读过程中出现的各式各样的优点与不足，而阅读问卷建议根据整本书的具体实施分为阅读前、阅读中和阅读后的针对性调查。阅读前调查更多是了解学生阅读基础、阅读习惯、阅读需求等内容，而阅读中调查更多是把控阅读计划，了解阅读进程、阅读任务实施的具体情况，借此及时调整不足，更合理安排阅读任务。最后阅读后调查则是侧重收集阅读反馈，检查最终的阅读成果，检测阅读成效等内容。

例如笔者在进行高中整本书阅读教学前，利用问卷星软件发布了"高中生自主阅读调查问卷"（分为教师版和学生版），学生问卷由20道选择题和1道主观建议题构成，教师问卷由13道选择题和3道简答题构成。而后根据调查结果，笔者才研究制订了更具有针对性、可实施操作的阅读计划，旨在实现新课标的整本书阅读任务目标。此后在《乡土中国》或是《红楼梦》阅读过程中也可联系实际及时进行问卷调查。

2. 表单设计类

表单设计主要是记录落实阅读过程，呈现阅读成果，直观反映学生阅读成长的痕迹，满足学生的心理获得情绪。我们可以利用办公软件进行个性化设计，或者借助思维导图等软件（如幕布、GitMind、XMind）具体实施（如《乡土中国》这类学术著作逻辑性强，较适合思维导图呈现）。

下面以笔者设计的《乡土中国》（图1、2）和《红楼梦》（图3）的表单进行范例展示。

莫问收获，但问耕耘！与书为伴，诗意生活！				
班级：	学号：	姓名：	座右铭：	
阅读任务一（1-5回）：梳理人物关系，了解故事背景				
了解作者：				
打卡天数	阅读日期	阅读内容	阅读心得	核心概念
1				
2				
3				
4				
5				
自我嘉奖				
自我反思				
阅读小结				

图1　《乡土中国》表单

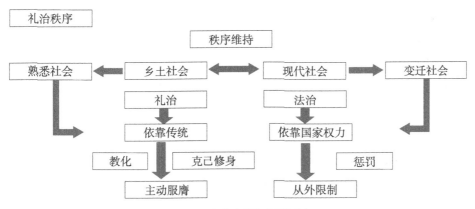

图2 《乡土中国》逻辑分析

莫问收获，但问耕耘！与书为伴，诗意生活！				
班级：	学号：	姓名：	座右铭：	
阅读任务一（1–5回）：梳理人物关系，了解故事背景				
了解作者：				
打卡天数	阅读回目	阅读用时	情节概要	阅读心得（人物品析、内容摘抄等）
1				
2				
3				
4				
5				
1.请根据前五回内容，梳理并整理出故事主要人物的关系图。				
2.请根据第三回的内容，绘制一幅荣国府的平面图。				

图3 《红楼梦》表单

121

（三）关注阅读反馈，获取持续性阅读的能力

1. 构建阅读云库，搭建共享平台

在整本书阅读的实施过程中，我们不仅需要一个专业系统、能够承载大量资源、可以输入与输出的阅读云库平台，也需要一个学习者能够阅读反馈、实时分享、相互交流的共享平台。目前虽然有各类公众号能一定程度上实现这样的平台要求，但前面提到过我们整本书阅读追求的是终身学习者，希望获得的是长久持续的阅读能力，那么这个平台的设计也应该要追求可持续发展，向专业化对标，向优秀的精专 App 看齐。

因技术平台欠缺，笔者主要是利用前两种策略来实施强化整本书阅读教学，但通过最终阅读反馈调查，效果确实有待更多地提升。故而笔者针对高中语文整本书阅读与研讨创造性地提出构建阅读云库，搭建共享平台的设想。下面针对平台搭建提出多元化的版块构思。

（1）学习者个人阅读空间：该空间主要提供给学习者个人记录阅读过程，感悟知识生成，可以以阅读日志、阅读心得等方式呈现。

（2）多元资源库空间：该空间主要承载各式各样的信息资源，可以分类分区分层次综合管理。

（3）阅读成果分享空间：该空间主要是学习者的阅读成果展示，给予学习者分享与讨论的舞台，在交流中碰撞出更多的阅读火花。

（4）多方协作评价空间：该空间主要提供给师生针对整本书各阶段阅读任务进行自我评价或相互评价，从评价反馈中激励后续阅读。

（5）平台监测检测空间：该空间主要是方便教师适时督促监测学生的阅读情况，进行阅读调查，进行阅读成效检测等活动。

阅读云库的各个空间要追求有机结合，相互补充，实现共享持续的效果。

在上述借助信息技术提升高中语文整本书阅读的探究中，笔者更多是展示合理利用信息技术的有效策略。但在实际教育教学情况中，我们必然会遇到各种问题。例如在校内如何利用信息技术落实阅读教学（考虑现阶段高中学生日常无法携带智能手机入校，海南智慧校园建设未完善等情况限制），周末如何合理利用阅读平台和如何防止以网络资源替代自我阅读思考的思维懈怠等诸多情况。所以在以整本书核心书目为圆心的基础上，学习者也必须要具体情况具体分析，科学有效借助信息技术，寻找更适合自我的阅读成长方式，构建学科核心素养，真正实现育人育己的目标。

参考文献

[1] 中华人民共和国教育部. 普通高中语文课程标准（2017 版 2020 修订）[M]. 北京：人民教育出版社. 2020.

［2］艾德勒，范多伦. 如何阅读一本书［M］. 北京：商务印书馆，2014.

［3］黄会兴. 开卷有益：整本书阅读与研讨［M］. 上海：上海教育出版社，2018.

［4］整本书阅读任务书编委会.《乡土中国》整本书阅读教学指导［M］. 重庆：重庆出版社，2017.

［5］李煜晖.《红楼梦》整本书阅读教学指导［M］. 重庆：重庆出版社，2020.

［6］彭佳美. 混合式学习背景下高中整本书阅读教学的实践探究［D］. 淮北：淮北师范大学，2020.

［7］康婷婷. 高中生整本书阅读的自主监控策略研究：以 Z 市 W 中学为例［D］. 喀什：喀什大学，2020.

［8］雷伟伟.《红楼梦》"整本书阅读与研讨"学习任务群教学研究［D］. 扬州：扬州大学，2019.

［9］都平. 高中整本书阅读教学策略研究［D］. 济南：山东师范大学，2019.

［10］熊若男. 网络环境下语文"整本书阅读"教学研究［D］. 济南：山东师范大学，2019.

［11］温儒敏. 统编高中语文教材的特色与使用建议［J］. 北京教育（普教版），2019（11）73 -76.

［12］丁佐梅. 媒介融合时代下的高中语文阅读教学实践初探［J］. 课外语文，2021（33）：32 -34.

［13］高晓蕾. 借助影视资源，让整本书阅读"软着陆"［J］. 河北教育（教学版），2021，58（12）：54.

（此文荣获第十二届"中国移动'和教育'杯"海南省教育技术论文评比活动二等奖）

17. 融合现代信息技术的高中英语教学资源多元化有效途径

李秀文

摘　要：利用信息技术实现教学资源多元化是新媒体时代信息技术和学科教学深度融合发展的必然要求，有利于构建满足学生多元化发展需求的生态课堂。本文基于笔者在教学教研中积累的理论、经验和方法，提出了融合现代信息技术的高中英语教学资源多元化的有效途径："活"用显性资源和"巧"用隐形资源。此外，本文结合案例，从信息技术支持下多元化媒体资源的获取、利用和对教学的辅助作用等视角给出了示范。

关键词：信息技术；教学资源；多元化；有效途径

随着科技的进步，以计算机、多媒体和互联网技术为核心的信息技术飞速发展，社会进入了新媒体时代。置身信息技术环境，学生多元化的需求呼唤深化信息技术与学科教学融合的生态课堂。《普通高中英语课程标准》（2017 年版 2020 年修订）实施建议中明确了构建现代化技术和英语课程深度融合的课堂的重要性。教育部实施了全国中小学教师信息技术提升工程，以提高教师应用信息技术改进教学、创新教学的意识和能力。利用现代信息技术整合教学资源能激发学生的好奇心和求知欲，有利于情境的创设，能培养创新精神和提升信息素养。

笔者基于自身教学教研中积累的理论、经验和方法，提出了以下融合现代信息技术的高中英语教学资源多元化途径。

一、"活"用显性教学资源

显性的教学资源指外显的、可以直接运用于教学以促进教学活动开展的的资源，包括文本、实物、现代化媒体和设施等物力资源以及人力资源（主要指教师和学生）。教师可以基于教材所提供的主题语境，利用信息技术整合资源，并指导学生利用媒体拓展学习的空间，以达到教学资源多元化的目的。

（一）融合静态教学和动态教学资源，制作演示文稿

长期以来，演示文稿是辅助教学的主要资源之一。教师可以利用扫描软件，扫描选取的图文资源并加以编辑，并将互联网上获取的或者是教师和学生原创的文本、图片及声像资源等作为补充，用于制作演示文稿。教师将各种静态和动态的资源灵活地融入演示文稿中，不仅能够实现教学资源多元化，丰富课堂的教学形式，激发学生学习的兴趣，还能够使得教学更加有针对性，提高课堂的实效性。

（二）利用媒体资源，直观地呈现多模态资源

现代媒体是指现代技术支持的信息存储和传递的工具。在现代技术环境下，教师借助投影仪、多媒体、计算机网络、投屏软件等资源和手段，将微信、公众号、视频号等新媒体上的文本、图片、音频、视频等多模态语篇直接应用于课堂，直观地呈现给学生，确保课堂互动的真实性。

（三）构建开放性强、互动性强的交互式教学课堂

信息技术的发展为人与人之间、人与环境之间的交互提供了广阔的平台。在教学领域，教师要善于利用技术手段，为学生创设人际交互（以教师与学生之间、学生与学生之间的交互为主）和人与环境交互（主要是教师、学生与信息资源、认知工具、任务情境、心理支持等要素的交互）的条件，为学生开拓更加丰富的获取学习资源的渠道，推进教学活动的开展，促进教学目标的达成。

传统意义上的微课单纯是教师讲授的呈现方式，加入检测、反馈。交互式微课突破了传统微课的局限，具有交互性的流程，不仅主题突出、内容具体、指向明确、相对完整，不仅帮助教师解决教学重点和难点问题，还能够帮助学生将所学内化、迁移并及时反馈学习效果。

此外，教师可以构建智慧课堂，促使学生在网络教学平台上获取学习资源、提交作业、和教师和同伴进行互动。利用现代信息技术开展交互式教学能挖掘丰富的教学资源，是信息技术和英语教学深度融合的重要体现。

二、"巧"用隐性教学资源

隐性的教学资源是指一切以间接的方式影响课堂教学的资源，主要包括学生的学情、课堂生成、社会环境等。依托信息技术，巧用隐形教学资源是实现教学资源多元化的重要途径之一。

（一）进行信息技术支持的学情分析

学情包括学生的经验、知识储备、学习能力等对学习活动产生影响的因素。信息技术环境中学情分析的方式主要为：

1. 问卷调查。常用的问卷调查软件有问卷星等。

2. 即时通信。常用的沟通工具为微信、QQ 等。

3. 课堂活动，如游戏竞答、测试、提问等。常用的工具为希沃白板 5 等。

教师通过学情分析所了解到的学生的经验、知识储备、个性化的需求、学习上的困惑、难点等均可以作为教学资源。

（二）建立跨时空、跨地域的资源库，重视校本文化和地域文化

教师利用云盘等存储工具，建立基于不同主题意义的、跨时空、跨地域的资源库能够使教学资源更加多样化、生活化，更具针对性、实用性和选择性。在英语教学中，整合网络上收集的或者是教师与学生经验中反映校本文化和地域文化的文本、图片和视频等资源，能够引发学生的认同感，激发学生参与课堂的积极性。

（三）在信息技术教学环境下捕捉课堂生成

生成性教学资源是指在教学过程中动态生成的非预设性的新问题、新情况。教师利用信息技术捕捉学生在自主学习或者是师生互动、生生互动中生成的问题型资源、错误型资源和差异型资源，能够使课堂活动更加真实、更富有生命力。

（四）开展技术支持的综合实践

开展信息技术与学科教学融合的综合实践活动，将学习延伸至课外，能够提升学生的信息素养，帮助学生自主拓展技术支持的学习资源，通过自主学习、合作探究等活动，实现深度学习。

案例：融合信息技术的多元化教学资源的获取与应用

主题说明：本案例依托外研版必修二第二单元的第二篇主要阅读语篇的教学（课堂授课时长为 90 分钟），主题语境为"人与社会——中外不同民族文化习俗与传统节日"。

目的及意义：笔者基于教材设定的主题意义，践行融合信息技术的多元化教学资源的获取与应用方面的理论。本案例利用信息技术整合多模态媒体资源，鼓励学生积极参与学习线上线下多种形式的活动，在理解文本的基础上发表个人观点并在综合实践活动中迁移创新，树立文化自信，提高借助媒体传播中国文化的热情。

资源信息表：见表 1

表 1　资源信息表

序号	资源名称或内容	资源形式	所利用媒体名称	作用或意义	操作方式	课堂辅助作用及效果（结合教师及学生评价）
1	《年夜饭，团圆饭》	视频	视频编辑软件（"清爽视频"App）、PowerPoint 演示文稿处理软件	课堂导入	课前，笔者收集中国老百姓吃年夜饭的文本、图片、视频等资源（包括教材、媒体和反映学生、教师本身生活经历的资源），利用"清爽视频"编辑软件进行剪裁、拼接、配上文字（英文）、背景音乐、解说词（英文）等，合成MP4 格式的视频资源，然后嵌入演示文稿中。	将原创视频资源嵌入演示文稿中作为课堂导入，不仅能给学生带来视觉和听觉上的享受，更能激发学生的认同感，让他们积极地投入课堂。
2	《关于中国春节年夜饭传统的问卷调查》	图表	问卷调查软件（问卷星）、PowerPoint 演示文稿处理软件	读前活动：引出话题	笔者指导学生利用问卷星设计并发布调查问卷（中文），并转发于微信、QQ 等媒体上，收集春节年夜饭的传统以及不同地区、不同职业、不同年龄的人们对年夜饭的看法。调查结束后，从问卷星中导出统计结果并生成图表以便嵌入演示文稿。数据分析可视化融合了艺术的美感，增加了数据的灵活性，更重要的是能够以直观的方式呈现数据，增加信息的影响力。	以反映社会现象的可视化数据导入课堂，使学生尽快贴近主题，吸引他们的注意力，激发学习的兴趣。

续表

序号	资源名称或内容	资源形式	所利用媒体名称	作用或意义	操作方式	课堂辅助作用及效果（结合教师及学生评价）
3	教材中表达观点的语句并总结区分观点和事实的方法	文本	扫描软件（扫描全能王 APP），PowerPoint 演示文稿处理软件	读中活动：文本解读	借助于"扫描全能王"APP，笔者将教材文本资源中表达观点（Opinion）的语句及"Learning to learning"部分的内容，扫描并生成 Word 文档，作为演示文稿的素材，然后利用演示文稿中文字编辑、动画等功能，以生动的形式展示于课堂。	用演示文稿展示整合后的教学资源使教学更加有针对性，而且增加了课堂互动的趣味性，能使学生保持学习的兴趣。
4	体现文章结构的思维导图	图文	实物投影仪	读中活动：文本解读	学生通过自主学习、合作探究以思维导图的形式梳理文章结构，然后借助实物投影，向全班展示学生（以小组为单位）的学习成果及教师的范例，并进行交流。之后，笔者在小组交流后，直接对学生的作品进行修正，并通过实物投影直观地、实时地呈现给全班。	利用课堂生成性资源，在实物投影的支持下进行展示与交流能够使学生的专注力得以持续，增强互动的实效性。
5	关于年夜饭在家吃还是在外面吃的学生习作（书信）	文本	实物投影仪	读后活动：写作训练	学生基于对文章的理解，在合作探究中形成自身的观点，然后独立完成习作。借助于实物投影，学生（以个人为单位）在班级中进行交流。教师也可以在实物投影下对学生的习作进行修正。	除了语言能力、思维品质，工整、美观的书写也是基本的写作素养。通过实物投影展示习作并进行分析、修正，能让学生留下全方位的印象。

续表

序号	资源名称或内容	资源形式	所利用媒体名称	作用或意义	操作方式	课堂辅助作用及效果（结合教师及学生评价）
6	以"创新年俗，魅力中国"为主题的综合实践活动成果	图文或者视频	即时通讯工具、互动学习平台	课后拓展	本课结束之时正值寒假来临之际。笔者指导学生借助媒体资源，英语记录下疫情之下人们过年的方式，发布于各种媒体，让世界各国的人们感受中华文明的魅力和植根华夏大地的凝聚力以及自觉、自信、自强的民族精神。笔者指导学生利用互联网等媒体资源，通过微信群，QQ群等即时通讯工具进行沟通，还根据学生的意愿，利用QQ的分享屏幕功能和腾讯会议App等媒体构建互动学习的平台。	通过教材内容的学习，学生能够理解不同的价值观、社会环境等因素可以使传统的文化得以创新。本综合实践活动使课堂学习延申至课外，使学生在信息技术和学科教学深度融合的条件下，提升学科素养、信息素养，满足了学生多元化发展的需求，真正地落实了学科育人的任务。

三、结语

利用信息技术实现教学资源多元化是新媒体时代信息技术和学科教学深度融合发展的必然要求。教师利用信息技术整合多元化教学资源，能丰富学生学习英语的形式，激发学生的主观能动性，为构建生态课堂、满足学生多元化需求创造必要条件。

参考文献

[1] 中华人民共和国教育部. 普通高中英语课程标准（2017年版2020年修订）[M]. 北京：人民教育出版社，2020.

[2] 梅德明，王蔷. 普通高中英语课程标准（2017年版2020年修订）解读 [M]. 北京：高等教育出版社，2020.

[3] 郭邵青，王卫军. 教师信息技术能力教程 [M]. 北京：高等教育出版社，2010.

[4] 王琦. 信息技术环境下的外语教学研究 [M]. 北京：中国社会科学出版社，2006.

（此文荣获2022年第十二届"中国移动'和教育'杯"海南省教育技术论文评比二等奖）

四、大单元教学的课堂实践

18. 亦谈高中历史单元教学的主题淬炼与文本再构

——以《中外历史纲要》（上册）为例

吴永红

摘　要：单元教学主题淬炼和单元教学内容整合是单元教学两个重要环节，单元主题的淬炼应该基于大概念、大项目，紧扣课程标准、依据教学内容、贴合学生学习与生活实情去确立与选择。而围绕单元主题和教学目标的单元教学内容整合，重在遵循认知心理规律和学科逻辑，形成顺畅、有序和有效的"教学逻辑"。

关键词：单元教学；主题淬炼；文本再构

【基金项目】：海南省 2020 年教育科学规划课题，"高中历史新教材大单元教学实践研究"（课题编号 QJH202010029）

高中历史新课程改革勾勒出学科育人、立德树人的教育"蓝图"，而实现这幅蓝图的关键是课堂教学。高中历史统编教材使用多年，老师们的痛点依然如旧，一是无限的内容容量与有限的课时之间难以平衡，二是如何在课堂教学中落实历史学科的核心素养，实现立德树人的课程培养目标。源于此，新一轮课程改革以来，从课程专家到一线名师都开出了"单元教学"的验方，笔者也在教学中实践单元教学。在此以高中历史《中外历史纲要》（上册）为例，对高中历史单元教学中单元主题的淬炼与教学内容整合谈谈个人的一些想法。

一、基于学科概念和课程标准淬炼单元主题

单元教学主题亦可称教学主旨，是单元教学的出发点和灵魂，也是教学内容整合、学科思想方法选择的依据。一个合适的教学主题既能引领教学目标，有效聚合教学内容，也是学生思维的重要源泉，能提升学生整体思维，带领学生认清历史本质，有效渗透核心素养。因此，单元主题的淬炼是单元教学的关键所在。单元主题的淬炼可遵循以

下路径：

（一）依据课程标准，聚焦学科大概念

一般来说，单元教学主题应该在学科大问题或者大概念的背景下，基于课程标准、依据教学内容、贴合学生学习与生活实情去确立与选择。所谓学科"大概念"是指向学科核心内容和教学核心任务、反映学科本质、能将学科关键思想和相关内容联系起来的关键的、特殊的概念。在教学实务中具有聚焦学科核心内容、明确教学核心任务、引导架构学科知识框架、促进理解型教学、助力实现学科核心素养等实践意义。以"明清中国版图的奠定与面临的挑战"为例，从学科大问题或大概念的背景看，中国古代史的核心大概念是"统一多民族国家发展"，经历了以下阶段：先秦时期——统一多民族国家的起源与奠基，秦汉——统一多民族国家的建立与巩固，魏晋南北朝隋唐时期——统一多民族国家的崩溃与重塑，辽宋夏金元——统一多民族国家的发展。本单元的课标要求关键词是"边疆经略与版图奠定对统一多民族封建国家的意义""社会经济思想文化变与不变""君主专制与社会危机"，结合单元教学内容与高一学生认知水平，本单元教学主题可以确立为"统一多民族封建国家的发展与危机"。从中国自身发展看，明清时期农耕文明高度繁荣，统一的多民族的国家得到巩固和发展，但也出现人口膨胀、贫富差距拉大、阶级矛盾尖锐等社会危机。从世界历史的角度看，明清时期中国经济文化领域出现近代因素的萌芽，但整体由开放转向封闭、由领先转向落后，与世界的差距逐渐拉大。这类主题统领核心教学内容和关键问题，有利于融合教材，实施教学活动，是单元教学中最常见的操作。

（二）培育核心素养，关注教学大任务

同时，单元主题的确立还可以基于大任务或者大项目背景。历史学科作为人文学科，教学中大任务、大项目更多是基于学科核心素养的培养，比如"时空观念"，我们借助"三国两晋南北朝的民族交融与隋唐统一多民族封建国家的发展"这一教学内容，可以确立其单元教学主题为"朝代更替与时代特质"，通过阅读三国、两晋、南北朝、隋朝、唐朝、五代十国时期的形势图，能够识别历史地图中的相关信息，知道古今地名的区别，概括三国两晋南北朝时期、五代十国政权分立、隋唐时期国家统一的历史特征；通过绘制"魏晋南北朝隋唐时期"的时间轴，能够利用历史年表、历史地图等方式描述相关史事，理解历史时期是按时序划分的；通过分析江南经济发展原因与影响，思考三国两晋南北朝时期与隋唐时期民族交融的异同及原因，能够认识事物发生的来龙去脉，理解空间和环境因素对认识历史与现实的重要性；通过思考隋唐制度创设与国家统一的关联，能够在具体的时空框架下对历史和现实问题进行独立探究。这类主题立足学生发展与能力提升，直接对标学科生长点，跨越教材内容甚至学科范围，在综合提升、备考复习中特别适用。

（三）结合教材学情，做好学期整体规划

单元教学强调超越具体的、孤立的知识点的教学，追求整体性的目标，有利于改变传统的教学设计每个单元各个课时之间割裂、片面、缺少联系的现状。单元教学相对课时教学最大的优势是有效突破课时教学相对碎片化的局限，实现知识的联结性与活动的整体性，因此单元主题确立应该遵循课程—学期—单元—课时的路线，进行整体规划。

教学单元的规划可以是教材编排的自然单元，也可以根据教学需要压缩、扩大、调整、拓展、延伸，跨模块甚至跨教材。比如我们也可以把近代史上历次侵华战争作为一个教学单元，以"近代列强侵华"为主题，或者把23、24课作为一个教学单元，以"民族觉醒与全民抗战"为主题，或者以"近代中国的道路选择"为主题，把整个中国近代史作为一个教学单元。因此，在学期或者学年开始时，就应该依据学情、教材内容和课程目标做好单元的规划，——确立单元主题。以《中外历史纲要》（上册）为例，我们可以做如下整体规划：

表1 《中外历史纲要》（上册）单元规划

大概念	单元主题	单元内容规划
统一多民族国家的发展	统一多民族国家的起源与奠基	第1、2课
	统一多民族国家的建立与巩固	第3、4课
	统一多民族国家呈螺旋式上升	第5-12课
	统一多民族国家的发展与迟滞	第13-15课
中华民族在沉沦中的抗争与觉醒	近代前期列强侵华与民族危亡	第16-18课部分内容
	近代前期各阶级救亡图存的探索（旧民主主义革命）	第16-18课的部分内容，第19、20课
	无产阶级的抗争与探索（新民主主义革命）	第21-25课
中华民族的伟大复兴	从新民主主义走向社会主义	第26课
	社会主义建设的探索与曲折	第27课
	中国特色社会主义事业的开拓与成就	第28-29课

总之，教学主题的选择是灵活的、多元的，不同的教学者对课标与教学内容有不同的理解与思考，不同的学习者有不同的认知水平与目标要求。但是不管如何选择，单元主题的确立要依据课标要求，结合教材内容，立足具体学情，抓住单元的核心问题和重要概念，并体现较为丰富的活动性和开放性，实现从"知识单元"到"学习单元"的跨越，有效联结单元知识，有力推动展开单元学习活动。

二、围绕单元教学主题和教学目标重构教学文本

结构化的知识最有利于核心素养的发展，单元学习超越了知识内容本身，是学科大观念下从知识获取走向素养发展的关键，使学科核心素养具体化，达成可培养、可干预、可评价。《普通高中历史课程标准》（2017 年版 2020 年修订）中明确指出"教师在进行教学设计时，需要整体梳理教学内容，把握每个学习专题所涉及的范围、重要史事和核心问题，并将这些核心问题的解决与学生历史学科核心素养的发展联系起来"。可见，在单元教学中我们需要对教学内容进行必要的整合，进行教学文本的再构，使教学内容结构化、联结化。在单元教学实践中，内容整合与文本再构主要有以下三种情况。

（一）单元主题引领下的单元内容重构

以《中外历史纲要》（上册）第四单元为例，教材一共有 3 课内容，分别为"从明清建立到清军入关""清朝前期的鼎盛与危机""明至清中叶的经济与文化"，编排更多地突显时序性，其中部分内容层次重复，如果按照教材编排顺序教学——讲述，难免出现教学内容碎片化、重复性的弊端。同时，明清"发展与迟滞"的时代特质在每一课内容中都有所体现，也有所重复，因此，我们可以对教材内容进行了调整和整合，重构教学文本结构如下。

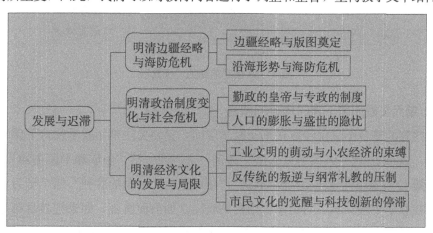

图 1　明清时期的"发展与迟滞"

这种整合立足教学的需要，对标核心素养培育，紧扣教学主题，对教材编写顺序进行比较大的调整，对教学内容进行大胆取舍，打破"照本宣科"的僵局，让教学过程更流畅，思维层次更清晰。但对学生要求较高，在教学中及时要关注学生情况，把好课前预习的关口，避免学生因变动较大而无所适从。

（二）单元主题引领下的教学线索的微调

以第六单元"辛亥革命与中华民国的建立"为例，这一单元在"晚清时期的内忧外

患与救亡图存"之后，教材内容一共两课，一是辛亥革命，一是北洋军阀时期的政治、经济与文化。中国近代进入 20 世纪，民族危机加深，清政府统治危机加深，中国人民的探索不断深化，立足于"沉沦与探索"的单元主题，结合课标要求可以将教材内容整合为"辛亥革命"与"后辛亥革命时代的抗争与探索"。辛亥革命推动中国社会发生巨大改变，但没有完成反帝反封建革命任务，辛亥革命后，一方面北洋军阀专横独裁、混战割据，另一方面中国人民在政治上为维护民主共和斗争，经济上开展国货运动，提倡实业救国，思想上主张民主与科学、启迪民智，因此将第 20 课整合为"后辛亥革命时代的抗争与探索"既符合历史时代特征，也契合单元主题，能更好地突出教学主线，优化教学逻辑。这种整合无须对教材内容与编排顺序大动干戈，在教学中能被更广泛地应用。

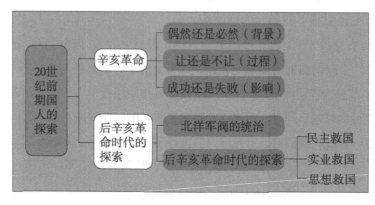

图 2　20 世纪前期的"探索"

（三）单元主题引领下课时内容的整合

教学内容的整合不应仅停留在单元教学层面，更要关注单元教学视角下课时教学的内容整合。以第 25 课"人民解放战争"为例，这一课包括"争取和平民主的斗争""全面内战的爆发""国民党政权的统治危机""新民主主义革命的胜利"四个子目，内容较多，教师在教学中感觉棘手的是知识结构的联结。如前面所言，如果把教材第七、八单元作为一个教学单元，其主题是"无产阶级的抗争与探索"，那人民解放战争无疑是"新民主主义革命的胜利"。从这一主题出发，结合课标要求，可以将教材内容整合为"谈判桌上争主动""军事战场见高低""民心向背分胜负"三个内容，在"民心向背分胜负"这一内容中适当补充解放区建设的内容，最后落脚在新民主主义革命胜利的原因是中国共产党始终顺应时代发展的潮流，代表了中国最广大人民的根本利益，得到了广大民众的支持。这样一来，不但能有效连接主要教学内容，紧扣教学主题，突出教学主线，也利于学生对这一历史阶段有更全面的理解与认识。课时教学最忌讳教学活动的流水账与教学内容的碎片化，而以时间为线索的叙事方式难免在教学逻辑上有所缺失，因此在课时教学中一定要想办法强化知识的关联与结构。

教育心理学家布鲁纳认为，掌握事物的基本结构，就是允许许多别的东西与它有意义地联系起来的方式去理解它，学习这种基本结构就是学习事物之间是怎样相互关联起来的。其实无论是传统教学还是单元教学，对教学内容的整合与取舍一直是历史教学的重要环节。而单元教学下教学内容整合是在单元教学的背景下，依据单元学习主题和学情对教材内容的顺序和结构进行适当调整，建构新的、主题更为明确的、更适于学生学习与探究的教学路径。因此，在教学内容取舍整合的过程中，需要遵循认知心理规律和学科逻辑，形成顺畅、有序和有效的"教学逻辑"。让教学围绕同一个主题，沿着同一个主线，奔向同一个最终目标。各课时之间联系紧密，层层铺垫，循序渐进，让教学成为一个有机的整体，充满生机和活力。让历史线索清更晰，历史逻辑更明确，历史知识走向结构化、体系化。

总之，单元教学无论是主题淬炼还是内容整合，都需要教师改变教学观念，遵循教学规律，切合学生认知，变"教学设计"为"学习设计"，有目标、有思想、有创新地教学，才可让核心素养落地，让立德树人生根。

参考文献

［1］方颖. 基于大概念的高中历史统编教材教学设计［J］. 福建基础教育研究，2021（01）：13-15.

［2］郑会意. 基于深度学习的高中英语单元整体设计［J］. 新教育时代电子杂志（教师版），2019（07）：120-121.

［3］罗滨. 深度学习：从内容单元到学习单元［J］. 北京教育（普教版），2018（07）：26-27.

［4］中华人民共和国教育部. 普通高中历史课程标准（2017年版2020年修订）［M］. 北京：人民教育出版社，2020.

19. 浅谈高中数学大单元教学设计的框架和要素

——以人教 A 版"平面向量"单元为例

郑若蕊

摘 要：高中数学是高中最重要的科目之一，也是最锻炼学生思维的科目之一，教师如何有效开展高中数学的教学是每一位教师应该思考的问题。以往的高中数学习惯于采取单元教学、顺序教学的方式，但随着时代的发展"大单元教学"正在受到推崇。大单元教学的方式以整体性、系统性的思维培育为根本，注重学生的统筹能力的培育。本文以"大单元教学"的教学设计为例，对大单元教学的概念、运用以及意义进行了解读，同时对如何浸润大单元教学的教学设计重点进行了案例分析。

关键词：高中数学；大单元；教学设计；平面向量

一、高中数学大单元教学逻辑

（一）大单元教学的概念及运用

近年来，教育领域积极开展教学改革。"项目学习""学习任务组""主题学习"和"大单元教学"等新概念都是这一背景下的产物。其中，"大单元教学"易于控制和实施，已成为一线教师青睐的一种新的教学方法。大单元主题教学是对传统高中数学教学的一种颠覆性创新，与传统的线性教学模式相比，即按着课本中的章节顺序教学，学科教学中的"大单元"被解释为某一特定学科下相关的教学目标和内容的集合，而单元教学就是指教师依据整体原则、认知原则和生本主义等教学理论，以核心素养为目标，以单元课程为教学内容的一种方式。然而，大单元教学与传统单元教学仍有本质区别。

"大单元教学"指的是把一个学科看作一个整体，通过知识的有效迁移，把不同的单元知识重构到一起，从而使得教学环节紧凑、课堂内容丰富的一种教学方式。具有以下特点：首先，大单元主题教学可以使学生在第一时间明确学习内容和学习目标，并在此基础上，促进学生有效建构某一单元的系统知识。其次，在构建数学知识体系的过程中，大单元主题教学可以使学生更好地了解数学思想和方法的应用空间，从而为数学核心素养的培养奠定基础。笔者认为，大单元教学与传统单元教学的共同点是：二者都是一种更为集约型的教学形式，在同一单元中有着大致相同的路径要素，如教学目标和策略。"大单元教学"的优势在于教学方式，通过具有主题性、系统性、模型性等特点的单元教学设计模式以及具体的单元教学，可以有效地培养学生对数学知识的结构理解，也可以在促进高中数学教学从"双基础"到"数学核心素养"的过程中起到桥梁作用。

（二）大单元教学的应用意义

高中生面临着很多科目，不少学生会把数学视为自己的学科短板，对此产生畏惧情绪。怎么解决大家畏之如虎的数学短板，就成为了高中数学教师应该思考的问题。结合大单元的教学方式，教师应该从知识点出发，从单元入手，特别是从学生的短板入手，接点连线，织线成网，各个击破，构筑牢知识的河堤。大单元的教学方式最明显的特征在于"大"，这也是其意义所在。首先，大单元教学使得课程内容和教学材料更加丰富，教师可以在一个大单元中解决一连串的数学问题，这种方法更加集约高效。其次，大单元教学可以将大概念进行内容总结统摄，例如平面向量与空间向量是高中阶段有关于向量的两大部分，平面向量中的一些问题可以建立平面直角坐标系来解决，空间向量可以建立空间直角坐标系来解决。有了大单元的教学理念，教师可以统筹两个板块的知识，让平面向量的知识作为空间向量的基础，从而打通两个小单元，实现大单元教学。

二、高中数学大单元教学设计的框架和要素

高中数学开展大单元教学框架有三个主要部分：首先是前期准备，其次是开发与设计，最后是评价与修改环节。教师在开展大单元教学前应该对即将要讲述的内容进行剖析，包括对课标、教材、学情、方法论以及重难点的全方位把控。

（一）做好前期准备，合理引入教学

数学知识的引入都是在实际问题的需要前展开的，教师在开展大单元教学前应该做好前期准备，为学生接受此知识创设一个大情景，这也是大单元教学的环节的第一步。在开展教学前教师应该清楚地知晓考试大纲与教育价值，例如在开展人教版 A 版数学必修二"平面向量基本定理及坐标表示"的教学时，教师应该结合"大单元"的教学理念，将此知识点结合"大背景"帮助学生理解。正如教材所展示的，已知两个力我们可以求出其合力（图1），同时一个力也可以分成几个力（图2），此时引入正交分解的知识：把一个向量分解为两个互相垂直的向量叫做正交分解。大单元的教学理念中有一条是"跨学科"，物理和数学作为理工科，数学是物理的基础，物理是数学的延伸，正如图2中力的分解，重力被分为了平行于斜面使木下滑的力 F_1 和垂直于斜面的压力 F_2，

教师此时可以引入定理"如果$\overrightarrow{F_1}$、$\overrightarrow{F_2}$不共线,我们把$\{\overrightarrow{F_1},\overrightarrow{F_2}\}$叫做表示这一平面内所有向量的一个基底",这就是力的分解的数学基础。当教师为学生们介绍了这一知识点的背景知识时,学生就可以了解到这不仅涉及了数学学科,还具有丰富的物理背景,"向量"将"代数"与"几何"结合了起来,搭建了一个重要的桥梁,使得数学的研究范围更加广阔,为解释现实问题提供了利器。

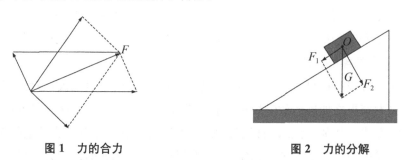

图1　力的合力　　　　　　　　　　　图2　力的分解

(二)创新设计课堂,积极联络知识

在高中数学课堂的设计中,教师把握着主动权,数学课堂是否能够深入学生的心,取决于教师是否认真对待了课堂的设计,是否把知识都有机地联系到了一起。教师开展的课堂设计并不是对于单元内容的简单组合,而是针对学科核心素养,对课本知识、学生技能、创设情景、发现问题、总结评价等过程进行结构化处理,建立学习的内容与现实生活的真实联系。

仍旧以"平面向量及其应用"这一章为例,教师在设计课堂时应该遵循"教、学、评"的步骤,这是教学中的一种逻辑关系,平面向量这一章首先是讲解了其概念与运算,然后是基本定理、坐标表示与应用,这一部分可以用思维导图(图3)的形式为学生在脑海中建立框架。

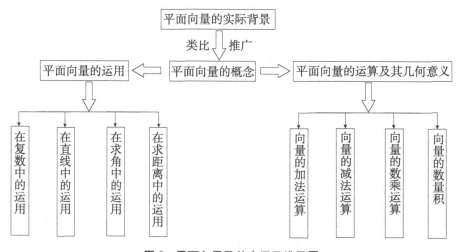

图3　平面向量及其应用思维导图

向量的引入其实是为几何解题提供了一种便捷的解决方式，教师在课堂开展过程中应该积极引导学生思考，"向量的加减法和标量的加减法有什么区别，你能在图中做出$\overrightarrow{OA} + \overrightarrow{OB}$（图 4）的答案吗?""向量的三角形法则是在什么背景下展开的?$\vec{a} + \vec{b}$能否直接在图中（图 5）标识出来?"。大单元的课程设计不是局限在小单元内部的，就像向量是和几何结合在一起的一样，向量的加法所满足的交换律与结合律其实就是"平行四边形两组对边分别平行且相等"的向量表达式。学生是课堂的主人，教师是课堂的引领者，两者要相互配合，贯彻实施大单元的教学理念，提高课堂效率。

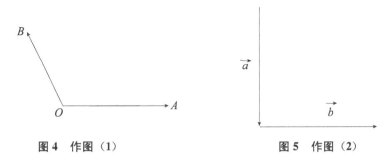

图 4　作图（1）　　　　　　图 5　作图（2）

（三）践行评价与修改，完善课堂流程

大单元的教学需要教师有极高的知识统筹能力和表达能力，一方面，教师需要在备课时把有联系的单元整合到一起；另一方面，需要教师用精练的语言把这些知识准确传达给学生。大单元教学的课堂需要教师不断地打磨、精进，才能够真正地在课堂中发挥出大单元教学的精髓。这就要求教师在教学完成之后，务必要进行复盘，也就是说教师要对自己在课堂中的表现进行反思。教师通过梳理某一章节的重要知识、解题方法、常见题型，带学生全身心地融入单元式的深度体验里。例如，教师可以通过让学生画思维导图的方式来检阅自己的教学质量如何，在人教 A 版"平面向量及其应用"这一章后的附录"用向量法研究三角形的性质"中，学生可以把向量与几何图形，包括但不限于三角形、平行四边形的联系在思维导图中表现出来，把相关的定理、公式都填充在思维导图中，教师在督促学生完成课后总结的过程中，可以翻阅学生的作业，查看学生漏掉了哪一部分的知识，反思是否课堂上关于这个板块的知识讲解得不到位，从而不断地积累经验，完善课程的流程。

三、结语

本文围绕高中数学"大单元"教学的设计展开，首先陈述了大单元教学的概念以及开展的意义，进而指出了大单元教学课堂应该如何设计。首先教师应该为学生接受知识做一个前提铺垫，为学生接受这一大板块的知识提供"软着陆"的环境，做好前提准备后开展教学。其次，教师应该在课堂上注重技巧，引导学生成为课堂的主导者，引导学生积极发问。最后，"大单元"教学离不开评价与修改，复盘这是教学中最关键的一环，教师和学生都需要做到对于知识的温故知新。遵循以上的逻辑步骤开展"大单元"教学，相信高中数学课堂必能成为一个高效又充实的现代化数学课堂。

参考文献

［1］刘鑫. 高中数学教学中的"大单元"设计与实践研究［J］. 数学学习与研究，2022（12）：29-31.

［2］卢明. 大单元设计背景下"单元导学"的设计策略：以高中数学"函数的概念与性质"单元为例［J］. 中学教研（数学），2021（06）：1-4.

［3］张然. 高中数学单元教学设计的案例研究：以"直线与平面平行"主题单元为例［D］. 西南大学，2021.

［4］王华. 基于高中数学核心素养的大单元教学案例研究：以"函数单调性"为例探索大单元教学设计的路径［J］. 数学学习与研究，2021（9）：87-88.

（此文荣获 2022 年海南省数学学会学术年会论文评比一等奖）

20. 大概念视角下单元主题式课堂教学初探

——以高中历史选择性必修三《文化交流与传播》为例

郑英梅

摘 要：随着新课程、新教材的实施，单元主题教学的设计与实施势在必行。在历史单元主题教学中，以"大概念"统摄课堂教学，明确单元主题，细化课时任务，以任务驱动单元主题学习的全过程，突破传统课堂教学思维，"以终为始"逆向设计，打造指向核心素养的创新型课堂，使历史新教材的教与学有章可循、有路可探。

关键词：大概念；单元主题；逆向设计；创新课堂

随着统编版历史新教材在海南的落地实施，新教学，即大概念、大单元教学已然成为一线历史教师不可避之的新课题。美国学者威金斯和麦克泰格在《追求理解的教学设计》一书中指出："大概念就是一个概念、主题或问题，它能够使离散的事实和技能相互联系并有一定意义。""大概念"统摄下的单元主题教学能够更好地帮助学生实现知识的迁移，并将知识、方法、能力等运用到新的问题情境中解决实际问题，与历史学科的本质特征相贴合，对历史学科核心素养的落地起到助推作用。然而受旧教材课堂教学思维的束缚，加之新教材新增文本较多，导致一线历史教师课堂创新举步维艰，尤其是在操作层面无从下手，观望者比比皆是，课堂教学多处于"旧瓶装新酒"状态。鉴于此，笔者尝试从统编版高中历史选择性必修三《文化交流与传播》的教学实践出发，探寻单元主题式课堂教学的有效路径，以供方家商榷。

一、主题引领，教有所依

威金斯和麦克泰格在《追求理解的教学设计》一书中指出：最好的设计应该是"以终为始"，从学习结果开始的逆向思考。由此可见，在我们的教育教学活动中，精准定位学习目标尤为关键。课程、单元、课堂之间的逻辑关系，应当以学生需达到的学习结果为落脚点，而非立足于教师擅长的教法或专业知识，因此新教学模式的落地，必须明确单元主题，统筹课时任务，以任务驱动学生解决问题、深度学习，使我们的课堂教学成为一个动态的、可持续的、互动生成的空间。

高中历史统编版选择性必修教材（三册），涵盖的历史知识相对于《中外历史纲要》，范围更广，角度更新，对教师的专业功底、教学素养的要求更为苛刻，当然挑战即机遇，教师亦可借此契机实现自我超越。在统编版高中历史选择性必修 3《文化交流与传播》的教学中，笔者首先明确整册书文本内容的"大概念"，即人类文化是通过哪些方式得以传播与发展的，理清教材的着力点并非对文化本身的具体形态及内容的认识，而是强调文化的动态发展，凸显人类文明的不断进步。其次，在"大概念"统摄下，依据教材各单元之间的逻辑关系，整合明确单元主题。本册教材的单元逻辑关系清晰，第一单元"源远流长的中华文化"和第二单元"丰富多样的世界文化"阐明了文化交流与互鉴的必备条件——世界文化的多元化发展。第三、四、五单元"人口迁徙、文化交融与认同""商路、贸易与文化交流""战争与文化交锋"则是介绍了文化交流与传播的多种类型载体、途径（人口迁徙、贸易往来、不同性质的战争），借助和平的或暴力的方式，对异质文化进行传播、交流、冲突、重构，并强调文化作为国家软实力对人类文明发展的贡献，而第六单元"文化的传承与保护"则强调了对文化软实力的传承与保护，六个单元相辅相成，互为因果，层层递进。笔者立足《普通高中历史课程标准》(2017 年版)，结合教材文本内容及学情，将第一、二单元整合为一个教学单元，以"世界文化的多元性"为主题，将第三、四、五单元整合为一个教学单元，以"人类文化传播的多元途径及作用"为主题，重组教学内容，改变教学逻辑，"以终为始"逆向设计教学过程。在单元主题的引领下，细化课时任务，精确学习目标，让学生在深度参与学习目标实现的体验中，升华理性认识，滋养历史学科核心素养。

二、任务驱动，化解主题

单元主题是教学的灵魂，亦是目的，围绕单元主题，设计关联学习任务链（单元大任务、课时任务），把单元中的重难点知识连成一条教学线索，从整体上推动单元主题教学的有序开展，避免了学习目标的碎片化。只有学生知道了在课堂上应该学习什么、学会什么、掌握什么，才能更好地驱动和激发学生学习的动力。笔者在执教中，围绕主题尝试制定任务驱动细目表，包含辐射单元主题内容的大任务、立足大任务设计逻辑连贯的课时任务，让学生带着任务走进课堂教学，在解决和探索问题的过程中推进单元主题内容的学习问题。

表1 "世界文化的多元性"任务驱动细目表

主题大任务	课程构成		课时任务	学习水平维度		
				识记	理解	应用
①认真阅读单元导言，明确单元主旨，自主研读教材文本，标注重、难点，概括课题、子目间的逻辑关系。②探究世界文化多元化发展的特点及贡献，树立正确的文化观。	第一单元第1至2课及第二单元3至5课	第1课时	①整体感知——中国传统优秀文化概貌：第一小组概理展示中华优秀传统文化发展的历程；第二小组梳理展示古代中西方交流概况；第三小组梳理展示近代中西方交流概况。②合作学习：结合中华优秀传统文化的内涵分析其特点，认识其价值。	✓	✓	
		第2课时	①探究建构：从世界文化交流的角度分析中华文化的世界意义。②价值升华：联系现实，举例说明中华文化在当今人类文明发展中发挥的作用，树立文化自信。		✓	✓
		第3课时	整体感知——世界多元区域文化概貌：第一小组以表格的形式梳理古代西亚、埃及、阿拉伯的文化成就；第二小组以表格的形式梳理古代印度、日本、朝鲜和美洲的文化成就；第三小组以时间轴的形式勾勒欧洲文化的源起与发展，感受不同区域文化的差异性，认识世界文化多元化发展的特点。	✓	✓	
		第4课时	①探究建构：立足材料，归纳西亚、南亚、东亚、欧洲、美洲等区域及对人类文化发展所作出的贡献，树立开放、互鉴、交流发展的意识。②价值升华：小组分享如何处理中国优秀传统文化与外来文化的关系，树立正确的文化观。		✓	✓
		第5课题	①整体感知：围绕单元主题"世界文化的多元性"，以思维导图的方式构建单元史事的逻辑关系。②课堂延伸：结合史实举例分享中外文化"各美其美，美人之美"，树立"美美与共，天下大同"的正确的世界文化观。③课后评估：围绕"世界文化多元性"拟一题目，结合史实撰写一篇论文，深化对单元主题的认识。	✓	✓	✓

备注：课时任务的设计依据课标、教材重难点、学情而定，旨在实现对单元主题的认知与升华。

三、巧设情境，深谙主题

新课程凸显核心素养的培育，而历史核心素养的发展是以情境作为载体的。在单元主题教学实施的过程中，教师需巧妙运用教材及课外资源创设情境，优化问题设计，凸显学生本位作用，让学生自主探究，合作学习，在交流中碰撞不同的认知，消化合理性历史解释，进而活化对单元主题的认识。

（一）多元情境为骨，享受灵动课堂

围绕统编版高中历史选择性必修3《文化交流与传播》第三、四、五单元确立的单元主题，即"人类文化传播的多元途径及作用"，笔者在第七课"近代殖民活动和人口跨地域转移"的执教中，以两个典型历史人物，即非裔美国人马丁·路德·金、大洋洲土著民特鲁加尼尼，引发学生的情感共鸣，调动学生的注意力和思维参与，使学生更为主动参与课堂，在历史感悟中内化对单元主题的认识——人口迁徙作为人类文化的传播途径之一，促进文化的交融与重构，推动世界文化的多元化发展。

（二）互动生成为魂，构建民主课堂

多元情境创设固然重要，但如若没有学生的自主体验、自主互动，单元主题内容的沉淀终究是雾里看花。我们的课堂往往是教师口若悬河的讲，学生随声附和机械回应，一问一答，纵然热闹非凡，终归是流于形式，无法实现单元主题的深度学习。如何改变这一状况呢？

对策1：设计有思维含量、有认知冲突或开放性的问题，激发学生的对话意识，点燃学生智慧的火花。例如在第七课"近代殖民活动和人口跨地域转移"的教学中，笔者在让学生了解华工的血泪史及其对美洲、大洋洲开发的贡献的基础上，设计了这样一个问题："为什么华工作出了巨大贡献却遭到排斥呢？谈谈自己对这个问题的认识？"教师特意创设认知冲突，刺激学生的好奇心与求知欲，进而引领学生实现深度学习，使学生认识到祖国的强大与否影响了身居海外的中国人的地位，进而涵养了学生的人文追求和家国使命感。

对策2：挖掘教材中的情感因素，以情动人，激发学生发言的欲望，提出自己的所想、所悟、所思、所疑。陶行知先生说过："真教育是心心相印的活动，唯独从心里发出来的才能达到心的深处"。一旦教师创设的历史情境与学生的情感产生共振，必定会无比精彩。例如，笔者在统编版选择性必修3单元主题"世界文化的多元性"的教学中，设计一个环节，即"领略古代日本国风文化"。当笔者通过多媒体展示以下几组图片及文字资料时，学生的激情瞬间点燃。教师借此契机，给予学生更多的话语权，让学生畅所欲言，谈谈对日本文化的认知。学生在碰撞交流中提出自己的疑惑"为何古代日本会产生这样的文化呢？"教师顺势在解惑的同时提升学生对单元主题的深度学习，即世界文化的多元性特色的形成是多种因素作用下的产物，包括地理环境、民族的风俗、习惯、生产方式及政治、经济等因素。

| 《源氏物语》是世界上最早的写实小说，有日本《红楼梦》之称，它是由日本平安时代女作家紫式部创作的长篇小说，创造了日本独特的"物哀"审美思想。 | 浮世绘，即日本传统的风俗绘画（版画），是典型的花街柳巷艺术，主要描绘人们日常生活、风景和演剧，被称为江户时代的"百科全书"。 | 武士道精神，是日本封建社会中武士阶层的道德规范以及哲学，其核心是忠、仁、勇。 |

图1　古代日本国风文化

诚然，增强学生自主体验、自主互动、合作学习的意识的策略不仅于此，身为一线教师，当不断思索、不断突破教学瓶颈，在愉悦的课堂教学中提升幸福指数，树立教学自信。

四、聚焦迁移，升华主题

《普通高中历史课程标准（2017年版2020年修订）》指出："发挥历史课程立德树人的教育功能，使学生学会从历史的角度关心国家的命运及世界的发展。"为此，单元主题式教学最终的落脚点在于聚焦问题、关注现实，实现知识的迁移，形成解决问题的"大思路"，学以致用，提升人文追求。

对策1：合理利用教材文本中学习拓展的内容开展课堂活动或课外小组学习交流活动。例如统编版选择性必修三第二课"中华文化的世界意义"，围绕学习拓展的问题，即"结合所学，联系社会生活，举例说明中华文化在当今人类文明发展中发挥的作用"，开展课堂交流，提升文化自信，升华主题认识。

对策 2：结合时政大事、热点问题，开展课堂研讨。例如统编版选择性必修 3 第 8 课"现代社会的移民和多元文化"，针对当前时政大事俄乌战争带来的难民潮，教师设计这样的问题："面对乌克兰难民问题，请以联合国难民署官员的身份，提出自己的合理化建议。"引领学生在研讨中关注国家命运、世界发展，拓宽国际视野，强化构建人类命运共同体的意识。

诚如爱因斯坦所说："把学校学的东西都忘掉了，剩下的就是教育"。我们的新课程改革的教育重点在于培养人格健全，有能力的人，而指向学科核心素养的单元主题教学在新课程改革中具有关键支撑作用。笔者通过确定主题、任务驱动、巧设情境、迁移升华四个环节实施单元主题式课堂教学的实践探索，取得些许成效，但仍存在许多不足之处，笔者将在今后的课堂实践中不断加以探索和研究，使单元主题教学更务实高效，更好地践行历史学科的初心和使命。

参考文献

[1] 威金斯，麦克泰格. 追求理解的教学设计 [M]. 2 版. 上海：华东师范大学出版社，2016.

[2] 沈峰. "三全"、"五优化"课堂教学的研究 [M]. 南京：南京大学出版社，2013.

[3] 王健宁. 基于"大概念"的高中历史教学 [J]. 历史教学（上半月刊），2019（02）：26-30.

[4] 中华人民共和国教育部. 普通高中历史课程标准（2017 年版 2020 年修订）[M]. 北京：人民教育出版社，2020.

（此文荣获 2022 年度海口市基础教育创新研究与实践论文评选一等奖）

21. 高中数学新授课单元测试的原则

卢国仁

摘 要：当前新授课单元测试的命题中，普遍存在着难度过大和过于高考化的趋势，本文基于高中数学新授课单元测试的命题原则展开，首先对新授课的指导思想和操作程序进行了分析，然后从基础性、科学性、连续性和阶段性四个方面，对新授课单元测试的命题进行了探究，并且取得了相应的成果。

关键词：高中数学；新授课；命题研究

高中数学新授课是指教师在课堂上向学生讲授新的数学知识，包括但不限于定义、定理、公式等，并引导学生进行相关的知识探究、例题讲解等，以帮助学生更好地理解和掌握这些新知识。新授课通常是数学课程中的重要组成部分，也是学生掌握数学知识的关键环节之一。新授课的单元测试是检验学生新授课学习成果的重要标准之一，然而在当前的新授课单元测试命题中，普遍存在着难度过大和过于高考化的趋势，所以本次研究基于新授课的特殊性，对新授课单元测试进行了重新设计。本文首先从指导思想和操作程序两个方面对高中数学新授课教学模式进行研究，然后在此基础上提出高中数学新授课单元测试的四类原则，希望能给相关一线教师提供参考。

一、高中数学新授课教学核心素养的构建

高中数学新授课作为高中数学的重要组成部分，其开展的基础是高中数学核心素养，《普通高中数学课程标准》（2017 版 2020 年修订）对高中数学核心素养的概念有着明确的定义，其具体分为以下六个概念：数学抽象（针对数学对象的思维过程进行研究，进而推导出事物的结构和规律，最后对应相应的数学概念）、逻辑推理（基于命题和事实，依照逻辑演绎思维过程，进而得出结论）、数学建模（基于数学视角对问题构建出相应模型，然后得出结论）、直观想象（基于几何和空间想象，利用图形解决数学问题）、数学运算（基于运算法则和运算方向推导出运算结果）、数据分析（运用统计方

法对数据进行相应的分析与提炼，进而得出有用信息）。

以本次研究的函数部分为例，笔者认为高中函数的新授课需要重点应用到高中数学核心素养的数学抽象、逻辑推理和数学建模三个方面。首先是基于数学抽象的函数概念形成。在函数概念形成阶段，教师应当融入核心素养中数学抽象的概念。针对函数的表面进行剥离，让函数概念所蕴含的本质规律展现在学生面前。其次是基于逻辑推理的命题推断。利用类比归纳和演绎的方法，帮助学生构建起完整的逻辑推理链条，让学生不但收获到了函数知识，更是养成了自身逻辑推理的能力，进而让学生受益终身。最后是基于数学建模的函数模型。函数概念课程是高中函数教学的重要组成部分，它是带领学生打开后续函数知识体系的敲门砖，更是学生函数知识体系的地基。所以运用数学建模来帮助学生了解函数概念，能够让学生打牢高中函数知识的基础，让学生的后续学习事半功倍。

二、高中数学新授课单元测试试题编制步骤

基于上述高中数学新授课核心素养构建的要求，笔者认为高中数学新授课单元测试试题编制可以分为测评目的的具象化、确定试卷结构、规制试卷蓝图、组配试卷、制定评分标准和评分细则这五个方面。

（一）测评目的的具象化

明确相关测试的测评目的是编制新授课单元测试试题的基础。基于上述高中数学新授课教学核心素养的构建需求，笔者认为首先应当基于学生的具体学情进行分析，通过课堂表现、作业完成情况等表征判断学生核心素养的构建情况，同时也要确定新授课单元测试的整体基调，确定测试是考查对知识点的巩固还是已有知识点的串联，进而对试题的整体难度进行调整。

（二）确定试卷结构

试卷的结构包括外显结构和内隐结构，外显结构可以概括为试卷的整体框架、题型占比和试题数量等；内隐结构可以概括为试卷的知识内容层次与分布、能力目标结构和试题难度排列等。新授课的单元测试试题编制不需要像高考试卷一样运用复杂理论进行解析，但要基于学生的实际单元知识掌握情况调整考查的知识点和目标层次，适当安排推理和运算的复杂程度，基于核心素养的培育要求调整试题的抽象程度。

（三）规制试卷蓝图

基于上述的测评目的和试卷结构规制试卷蓝图，以新授课单元测试所要测量的行为目的为一维，以考试内容为另一维，制作相应表格，确定两者的对应关系，调整考查比例，进而制作出新授课单元测试的试卷蓝图。

（四）组配试卷

规制好试卷蓝图就可以依据蓝图标准筛选和整理考题，进而组配试卷。从题库、教参和相关网络数据库进行试题的挑选与改编，明确试题的内涵与核心，依据由易到难的顺序让试题形成难度梯度。同时也要对试题的语言表达方式和陈述方式进行推敲，确保能够精准高效地传达试题目的。编排试题是一项细致入微的工作，需要编制者多方位、多角度地考量、比较、调整。经过仔细考虑、慎重斟酌后，将试题初步排序即可形成试卷初稿。再经过后续的对比优化，形成一份高质量的单元测试试卷。

（五）制定评分标准和评分细则

新授课单元测试的题型分为选择题、填空题、解答题三类，其中选择题和填空题的赋分较为简单，依照答案的正确与否进行赋分。对于解答题来说，其主观性较强，具体试题内容依照难度赋分和答题时间赋分进行综合考量。

三、高中数学新授课单元测试的原则

高中函数知识体系复杂，在习题方面通常涉及多个函数性质的综合应用，这就对学生的抽象理解力有着很大的考验。基于上述的高中数学核心素养应用诉求和具体单元测试试题编制环节，笔者结合高中函数单元测试的具体题型，认为高中数学新授课单元测试需要基于以下原则。

（一）基础性原则

基础性原则是指在设计高中数学新授课单元测试时，应该注重命题和题目甄选，以确保其与教材实际更贴合，同时避免过于偏向高考趋势，从而保证学生的基础能力得到有效的提升。有些教师在命题时盲目参考高考趋势，忽略了学生的实际情况，导致新授课单元测试的难度过大。因此，教师需要了解学生的知识储备情况和学习习惯，结合教材中的知识点和难度，进行命题和题目甄选。此外，教师还应该关注学生的学科素养，针对学生的短板进行有针对性的命题和题目甄选，以提高学生的学习效果。学生可能会产生出现畏难心理等问题，因此在新授课单元测试的命题和题目甄选中，可以调动学生的学习兴趣，活化命题设计。此外，教师还可以通过课堂讲解和示范，解答学生的疑惑，鼓励学生勇于尝试和探索，从而激发学生的学习兴趣和自信心。在新授课单元测试的命题和题目甄选中，应该让学生能够通过解题过程，运用数学核心素养，例如抽象思维、逻辑推理、空间想象等，解决实际问题。此外，在命题和题目甄选过程中，也可以加入一些启发式的题目，帮助学生拓展思路，提高解题的能力和效率。

比如在椭圆曲线的新授课单元测试命题中，教师可以设计相应题目：在直角坐标系中，曲线 C 的方程为 $x^2 - y^2 = 4$，点 $P(2, 0)$ 为曲线 C 上的一点，直线 L 过点 P，且与

y 轴交于点 $A(0，-3)$ 交曲线 C 于点 Q，过点 Q 的切线与直线 L 相交于点 M，求 $\angle QMP$ 的大小。本题通过设计一个与圆锥曲线相关的问题，检验学生对圆锥曲线相关知识点的掌握和理解程度。同时，通过适当调整题目难度，让学生更好地应用核心素养解决问题。本题涉及圆锥曲线的基础知识，要求学生能够利用曲线方程和点的坐标确定曲线上的点，并求出该点处的切线方程。在此基础上，通过对角度计算的理解和运用，求解所求角度大小。同时，题目中调整了直线 L 的位置，增加了难度和趣味性。

（二）科学性原则

科学性原则要求教师在命题和测试过程中遵循科学的教育规律和原则，确保测试内容和方法具有科学性和合理性。在设计数学新授课单元测试时，教师应该参考教育学、心理学等学科的相关理论和实践，注重培养学生的自主学习能力、创新思维能力和实际运用能力，提高学生的数学素养和实际解决问题的能力。教师应该在命题和测试过程中根据学生的实际情况和学科特点，确保测试内容贴近教学实际。测试内容应该围绕教学重点和难点，体现教学目标和教学内容的完整性和系统性。同时，测试过程中应该考虑到学生的认知特点、兴趣爱好和学习习惯，使测试内容更加符合学生的学习需要和实际情况。测试内容应该注重知识的综合运用，促进学生对所学知识的深入理解和灵活运用。通过设计综合性测试题，可以检测学生对知识的掌握程度、理解程度和运用程度，同时提高学生的综合素养和实际解决问题的能力。教师应该在命题过程中注重科学性，选择具有代表性、典型性和实用性的题目，使测试内容更具有代表性和科学性。同时，教师应该根据学生的知识水平和认知特点，合理选择测试题目的难度和类型，确保测试结果的准确性和可靠性。教师应该在测试方法的选择和应用过程中注重科学性，根据学科特点和学生实际情况，选择适当的测试方法和工具，例如口头测试、书面测试、实验测试、综合性测试等，确保测试方法的科学性和合理性。

比如在椭圆曲线的新授课单元测试命题中，教师可以进行如下命题：给定椭圆 E：$x^2+y^2=2$ 和直线 L：$x+y=0$，设点 A 为椭圆 E 上的动点，点 B 为 L 上的动点，过点 A 作直线 L' 与 L 交于点 C，过点 B 作直线 L'' 与椭圆 E 交于点 D。若 $|AC|=2$，则求点 D 的轨迹方程。该题涉及圆锥曲线中的椭圆和直线，考查了学生对圆锥曲线相关知识点的掌握程度。在命题时，采用了具有代表性和难度适中的椭圆曲线，选取了直线 L 和 L' 作为重要的交点线段，可以让学生巩固圆锥曲线与直线的相关知识点。同时，通过引入动点和长度条件，让学生能够灵活运用圆锥曲线中的基本性质和定理，以求得正确答案。该题目具有较高的科学性，能够有效地检验学生对圆锥曲线相关知识点的掌握情况。

（三）阶段性原则

阶段性原则是指在设计高中数学新授课单元测试时，应该根据学生的学习进度和阶段性目标，确定测试的难度和范围，以便在测试中有效地检测学生的学习成果，同时引导学生进入下一个学习阶段。在教学过程中，每一个学习阶段都有其独特的特点和要求，因此教师需要根据每个阶段的目标和任务，有针对性地设计测试内容和形式，以检测学生是否掌握了该阶段的知识和技能，并帮助学生在测试中识别自己的不足之处，进一步提高学习效果。

比如在余弦公式的相关测试中，就可以针对两角差的余弦公式的研究过程和设计思路，在命题方面体现对公式的应用。比如：证明 $\cos\left(\dfrac{3\pi}{2}-\alpha\right)=-\sin\alpha$，证明 $\cos(\pi-\alpha)=-\cos\alpha$，又或者进行进一步巩固，比如：已知 $\sin\alpha=\dfrac{4}{5}$，$\alpha\in\left(\dfrac{\pi}{2},\pi\right)$，$\cos\alpha=-\dfrac{5}{13}$，$\beta$ 是第三象限角，求 $\cos(\alpha-\beta)$ 的值。

（四）连续性原则

单元测试可以帮助教师了解学生的学习情况，及时调整教学策略，以确保学生能够顺利地完成下一阶段的学习。与高考不同，单元测试更加注重持续性评价。这是因为在单元教学中，每个环节都是相互联系的，若是其中一个环节出现问题，将直接影响后续的学习。因此，教师在命题时需要考虑评价方式是否有效，并确保评价贯穿始终。

具体来说，教师应该根据学生的学习情况和课程特点，选择适合的评价方式。例如，可以采用课堂测验、作业、小组讨论、课堂表现等方式进行评价。在评价过程中，教师需要注意不断诊断学生的学习情况，及时发现学生存在的问题，并针对性地进行辅导和指导。此外，评价也需要贯穿始终，教师可以在课程中设置多个评价节点，及时了解学生的学习情况，并及时调整教学策略，以确保学生能够顺利地完成学习目标。

四、结语

经过对高中数学新授课单元测试的优化，笔者发现学生的实际测试成绩普遍有所提升，说明本次研究成果确实有一定成效。高中新授课的命题方向相较于复习课和高考都有所不同，身为教育从业者应当思考如何基于新授课测试的特点，开展相应的命题方向，进而帮助学生更好地掌握相关知识点的运用，以及在潜移默化中构建起学生的核心素养能力。

参考文献

[1] 吴思莹. 高中数学命题课教学重点设计评价指标体系构建研究 [D]. 天津：天津师范大学，2022.

［2］沈林霏，曾蓓莉."创课导学"教学法在数学命题课中的应用：以人教 A 版高中数学必修 2 "2.3.1 直线与平面垂直的判定"教学为例［J］.广西教育，2021（36）：46－48.

［3］杜兴宇.源自教材　推陈出新：全国高中数学联赛平面几何试题的命题思路浅析［J］.高中数学教与学，2021（05）：43－45.

［4］徐琳琳.当前高中数学教材对于数据分析素养支持情况调查研究［D］.济南：山东师范大学，2020.

［5］金雪.高中数学竞赛中不等式问题解析及竞赛教学调查研究［D］.牡丹江：牡丹江师范学院，2020.

（此文荣获 2022 年海南省数学学会论文评比的一等奖）

22. 浅谈"双新"背景下的高中数学解题教学

项东阶

摘　要：数学解题是高中数学学习的基础构成，解题教学是高中数学课堂教学的重要组成部分。"双新"背景下的解题教学要落实"四基"，提高"四能"，提升学生的数学素养，发展学生的思维品质。本文通过对高中数学解题教学现状中存在的问题进行分析，结合实例提出在"双新"背景下高中数学解题教学中的实施建议。

关键词："双新"；高中数学；解题教学

海口市一中自 2020 年被教育部确定为普通高中新课程、新教材（简称"双新"）实施国家级示范校以来，认真落实新课程、新教材理念、内容和要求，全面启动课堂教学改革，改进教学方法和学习方式，完善评价机制，逐步实行基于新课程标准的"教—学—评"一体化。

从新课程的观点来看，中学数学解题教学是数学教师按照一定的教学原则，使用合适的教学方法，以数学问题或具体的情境问题为载体而组织的数学学习活动。解题教学不仅仅是为了解决问题，更是为了帮助学生落实"四基"，提高"四能"，从而提升学生的数学素养，发展学生的思维品质。简单来说，解题教学的本质就是以数学问题（或实际问题）为载体，以培养学生数学思维为目的的一种教学活动，下面就结合高中数学解题教学谈谈笔者的一些看法和做法。

一、解题教学在高中数学教学中的重要地位

课堂教学是落实"四基"、提高"四能"、发展学科核心素养、培养学生的思维品质的主渠道，数学解题是高中数学学习的基础构成，解题教学是高中数学课堂教学的重要组成部分，数学课几乎每一节都涉及解题教学。解题教学要突出审题、追求自然的思维过程，不仅仅是教给学生方法，更重要的是引导学生自主探究发现，提高学生应用知识

解决问题的能力。高中阶段对学生的学科素养和能力的考查最终体现为解题能力，因此在高中数学的学习中关键之一就是要培养和提高学生的解题能力。

"数学终极培养目标都可以描述为：会用数学眼光观察世界，会用数学思维思考世界，会用数学语言表达世界。"解题教学是培养学生数学思维最有效途径，因此，"双新"背景下的解题教学要落实学科核心素养，以培养学生的数学思维为目标，提高学生分析问题和解决问题的能力。

二、高中数学解题教学的现状

（一）注重解题步骤和得分点，忽视思维引导

面对一道习题，某些教师一上来就教学生这道题怎么解，甚至讲多种解法和技巧，并着重强调解题步骤和得分点，最后要学生整理到改错本或作业本上，表面上看很完美，实则不然。这种解题教学导致学生在课堂上更多的是进行教学笔记的抄写，缺少思考的时间和过程，在课后的自我消化中也无法厘清来龙去脉。教师没有引导学生进行审题、分析，没有引导学生思考"这道题为什么这样解？解题思路是怎样想到的？……"。这种就题论题的解题教学完全忽略了解题的思维过程，对提升学生的思维能力几乎起不到什么作用，更谈不上落实学科核心素养了。

（二）注重解题套路，忽视数学思想方法的渗透

在解题教学中，教师们经常会针对某类题型总结出一种解题套路，使学生在遇到相同或类似的问题时，按照这个套路或模式就能解决，形成了定式思维。然而，学生对套路背后的数学公式和原理的了解不够深入，对解题中所蕴含的数学思想方法一无所知，一旦题目设计得较为复杂，学生受定式思维的影响，不会对套路进行变形和灵活运用，将不知所措，很难快速找到解题思路。

（三）注重授课效率，忽视教学效果

当前在高中数学解题教学中，对数学解题教学，很多教师缺乏正确的认知，认为解题教学就是通过大量的习题练习来提高学生的解题效率或准确性，大搞题海战术。在解题教学中，教师依然是课堂的主体，课堂上给出各种各样类型的习题，一道接着一道，也不进行任何的分析，也不给学生思考的时间，甚至有时候学生题意都没弄清楚，老师就开始讲题了。表面上一节课弄了不少题，效率很高，实际上大部分学生稀里糊涂，囫囵吞枣，这种解题教学对发展学生核心素养、提高学生的解题能力帮助不大，更谈不上对学生思维品质的培养。

（四）注重解题方法与技巧，忽视了数学思维能力的培养

日常解题教学中经常会出现一种现象：一道题或一类题教师讲过多次，学生也练过

多次，可是考试还是有不少学生出错。教师普遍认为是学生学习能力差，而没有从解题教学的本质去考虑，在解题教学中，教师只是注意到知识点、解题技巧、解题方法这几个方面，而忽视了对学生思维能力的培养，只告诉学生这道题怎样解，而没有告诉学生为什么这样解？学生往往"知其然而不知其所以然"，忽视了数学思维能力的培养，导致一类题反复出错。

三、"双新"背景下高中数学解题教学实施建议

新课程标准在教学建议中明确指出，教师"既要重视教，更要重视学，促进学生学会学习"。"教师要加强学习方法指导，帮助学生养成良好的数学学习习惯，敢于质疑、善于思考，理解概念、把握本质，数形结合、明晰算理，厘清知识的来龙去脉，建立知识之间的关联。"从近几年的高考试题来看，高考试题以学科素养为导向，重点考查学生的思维能力，通过大量刷题，搞题海战术已经不能适应新高考的要求了，因而在高中数学的解题教学中要认真落实新课标的理念，不断改进教学方法，充分调动学生的学习积极性和主动性，引导学生学会思考，促进学生学会学习，发展学生学科素养。

（一）创设问题情境，激发学生解题兴趣

在解题教学中，教师可以通过创设情境问题来吸引学生的注意力，激发学生的学习兴趣。例如，在讲述排列组合中的定序问题时，我设计了这样一个问题情境：

【实例1】学校元旦晚会即将举行，节目单上已经安排了 15 个节目，为了活跃晚会氛围，现在学校的书记和校长临时各上一个节目，在保持原节目顺序不变的情况下，有多少种不同的排列方法？

再如，在讲述离散性随机变量的均值与方差时，可以设计这样一个问题情境：

【实例2】假如你是一名炒股者，现有 A、B 两支股票，已知它们的收益分布列如下。

股票 A 每股收益的分布列

收益 X/元	−1	0	2
概率	0.1	0.3	0.6

股票 B 每股收益的分布列

收益 Y/元	0	1	2
概率	0.3	0.4	0.3

（1）你准备投资哪种股票？请说出你的理由。

（2）你认为投资哪种股票的风险高，为什么？

这些与实际生活联系紧密的情境，能够提升学生的学习积极性；帮助他们在解题的过程中快速进入状态，培养他们解决实际问题的能力。

（二）通过问题引导，促进学生学会思考

教师在进行解题教学的时候，要留充足的时间给学生读题、审题，也可以带领着学生读题和分析，让学生学会读题，明确已知条件，挖掘隐含条件。可以借鉴波利亚的《怎样解题》启发、引导学生，可以提如下一些问题："你以前见过它或类似的题吗？""当时用的是什么方法？""你认为本题考查哪些知识点？""能不能画出相应的图形？""已知和结论之间有什么联系？"等，通过问题逐步引导学生学会思考，进而找到解题的途径。

【实例3】如平面向量中有这样一道题：过△OAB 的重心 G 的直线与边 OA，OB 分别交于

点 P，Q，设 $\overrightarrow{OP}=h\overrightarrow{OA}$，$\overrightarrow{OQ}=k\overrightarrow{OB}$，则 $\frac{1}{h}+\frac{1}{k}=$ _____

可以设计如下问题：（1）你能根据题意画出图形吗？（2）点 P、Q 是确定的吗？（3）h、k 是确定的吗？（4）$\frac{1}{h}+\frac{1}{k}$ 是确定的吗？引导学生逐步得出本题实质上是一个定值问题，可以通过特殊方法迅速解决。

（三）采用小组合作方式，培养学生合作意识

教师在课堂上的教学时间毕竟有限，不可能对所遇到的问题都能及时解决，为提高教学效率，充分发挥学生的主体作用，教师可以将班级学生分成几个学习小组，引导他们合作探究解决问题。小组成员之间通过相互交流，相互启发，往往能很好地解决问题，教师可以在完成得比较好的小组中选派代表在全班进行讲解。如高一下学期的期中考试试卷，课组只安排一节课讲评，时间显然是不够的。我班采取小组合作的方式，答题卡发下去之后，我并不急于讲评，而是留给同学们一周的时间自我订正，由各小组成员之间自查、互查问题、相互讲解，最后给一节课进行汇报，教师只是适时引导。这种小组合作的解题教学大大激发了学生的学习积极性，提高了学习的自主性，培养了学生的合作意识。

（四）渗透思想方法，提高学生解题能力

在解题教学中，教师除了关注所用到的数学知识，如公式、定理，更要注重数学思想方法的提炼与总结，数学知识只是发展学生核心素养的载体，数学思想方法才是培养学生数学思维的根本。数学思想方法主要有：化归与转化、函数与方程、数形结合、分类讨论、归纳类比等，在解题教学中要注意渗透这些思想方法，让学生逐步学会用数学思想方法解题，提高学生的解题能力。

（五）加强解题反思，培养学生数学思维

反思是一个非常重要的学习和成长过程，没有反思就没有进步。解题也是如此，一道题解完之后并不是万事大吉，而是需要做一些反思，否则收益不大。一般解完一道题之后，我们可以引导学生对解题过程中涉及的数学概念、基本知识进行回顾，对所涉及的基本方法和数学思想进行反思，比如教师可引导学生进行如下反思。

反思一：本题考查了哪些知识点和数学思想方法？你认为易错点是什么？解决这类问题今后要注意什么？通过这些反思来培养学生思维的严谨性。

反思二：本题是否还有其他解法？这些解法中哪种方法最为简捷？解决这类问题的一般思路是什么？通过对解题思路的回顾与总结，帮助学生掌握研究问题的一般方法。

比如前面实例 3 的定值问题，可以教会学生从特殊到一般的研究问题的方法，并通过一题多解来培养学生思维的灵活性。

反思三：能否变换条件或结论，自编一道题？

【实例 4】在讲授线面平行的判定和性质时，有这样一道练习题：

如图（1）所示，已知点 P 是平行四边形 $ABCD$ 所在平面外一点，M 为 PB 的中点。

求证：$PD /\!/$ 平面 MAC。

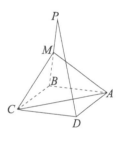

图（1）

在进行解题反思中，我要求同学们根据此练习自编一道题或二道题，并分析思路。学生们编的题有时出乎老师的意料，师生一起分析它们的合理性，简化精练，形成了如下几道典型的自编题。

自编题 1：如图（1）所示，已知 P 是平行四边形 $ABCD$ 所在平面外一点，M 为线段 PB 上的一点，且 $PD /\!/$ 平面 MAC。求证：M 为 PB 的中点。

自编题 2：如图（1）所示，已知 P 是平行四边形 $ABCD$ 所在平面外一点，M 为 PB 的靠近点 P 的三等分点，试判断直线 PD 与平面 MAC 的位置关系。

自编题 3：把图补成一个平行六面体. 如图（2）

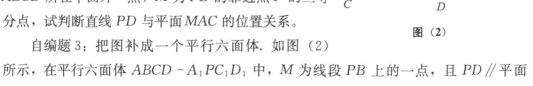

图（2）

所示，在平行六面体 $ABCD - A_1PC_1D_1$ 中，M 为线段 PB 上的一点，且 $PD /\!/$ 平面 MAC. 求证：M 为 PB 的中点。

自编题的训练，有利于培养学生思维的发散性和创新性。

四、结语

在"双新"实施背景下，高中数学教师要认真学习新课程的要求，要对新教材、新高考有新的认识，树立以人为本的教学观念，充分认识到学生是学习的主体，不断结合自身实际改进教学模式，改变学生被动学习的局面。在解题教学中要注意引导学生审清题意，探索解题思路，注重解题反思，提炼通性通法，逐步引导学生学会思考，学会学习，不断挖掘学生的学习潜能，把发展学生数学学科核心素养，提升学生的关键能力和培养学生数学思维真正落到实处。

参考文献

[1] 赵士元. 关于高中数学解题教学的理性思考及导问式设计 [J]. 江苏教育（中学教学版），2022（67）：7-10.

[2] 史宁中，王尚志. 普通高中数学课程标准（2017 年版 2020 年修订）解读 [M]. 北京：高等教育出版社，2020.

[3] 中华人民共和国教育部. 普通高中数学课程标准（2017 年版 2020 年修订）[M]. 北京：人民教育出版社，2020.

[4] 波利亚. 怎样解题：数学思维新方法 [M]. 涂泓，冯承天，译. 上海：上海科技教育出版社，2011.

（此文荣获 2023 年度海口市基础教育创新研究与实践论文评选一等奖）

23. 中华传统文化经典研习之
士文化任务群"知行合一，实践真知"主题探究

徐曼娜

摘　要： "士"的精神血脉始终贯穿在中国传统文化中，集气度、品德、风骨于一身。他们矢志爱国、忠贞不渝，他们仁爱亲民、执政有道，他们著书立言、睿智博学，他们知行合一、实践真知……本文将在"知行合一，实践真知"的主旨引导下，在对单篇文章理解分析的基础上，明确概念，由浅入深，步步深入，从"知行合一，实践真知"的角度对中华传统文化经典研习之士文化进行鉴赏。

关键词： 经典研习；士文化任务群；主题探究

"士"的精神血脉始终贯穿在中国传统文化中，集气度、品德、风骨于一身。高中语文教材出现了大批士的形象，他们形态各异，姿态万千。中华传统文化经典研习之士文化主要是从教材中提炼出来，引领学生从"知行合一，实践真知"的角度对中华传统文化经典研习之士文化进行鉴赏，具有研究或探讨价值。

一、明确概念，理清关系

当今的社会，知识分子是一个国家的脊梁。他们代表了这个国家的文化与精神，象征着这个国家的文明与力量。

知识分子从古代的士继承而来，古代的士"无恒产而有恒心""仁以为己任""明道救世"，是秉承着"修身、齐家、治国、平天下"信条践行理想的行动派，士大夫不属于统治阶层，但却要殚精竭虑、治国安邦，他们不是白丁百姓，却要悲天悯人、为民请命。他们肩负着国家的光荣与梦想，承担着责任与命运，他们知行合一，实践真知，体现了一种担当和风骨。

相比其他常见的主题，"知行合一，实践真知"更有利于我们勇于形成自己的思想

和行为准则，养成独立思考，勤于实践的行为习惯。因此我们就通过五篇文章资料《传习录》《寡人之于国也》《种树郭橐驼传》《石钟山记》《游褒禅山记》，从"知行合一，实践真知"的角度对士文化进行阅读和鉴赏探究。

（一）"知行合一"的源头

"知行合一"是中国传统思想的精华，其最早出自宋元之际儒学家金履祥所著《论语集注考证》："圣贤先觉之人，知而能之，知行合一，后觉所以效之。"意思是说，先知先觉的圣贤，知而能行，思想与行为一致，是后知后觉之人效法的榜样。

（二）"知行合一"观点的阐释

"知行合一"由"立志为天地立心，为生民立命，为往圣继绝学，为万世开太平"的王阳明发扬光大，发展成较完备的哲学体系。

"知"指道德观念、思想意念和事物之理，"行"指道德践履和实际行动，"知""行"用现代的话就是"实践与理论相结合"。

《尚书》有云："知之非艰，行之惟艰"，在其中，"知"和"行"是两个东西，意思是知道一件事并不是特别困难，真正困难的是要去做这件事。

（三）知和行的关系

"知者行之始，行者知之成。"知中有行，行中有知。知是行的主意，行是知的主功夫。在这句话中，我看到了知是行的开始，行是知的落实。两者相互关联，你中有我，我中有你，不能分割。

知则必行，不行不足谓之知；真知则必行，不行终非真知；知不限于思想，行不限于行动，知行同是心的两个方面，即知即行。

论先后，知为先；论轻重，行为重。虽有轻重之分，却无法分割。

"行"即是"知"的体现，是"知"的价值的实现方式。"真知"就一定能够"行"，不能"行"的"知"，在王阳明看来，就不是"真知"。

（四）"知行合一"的人生启示

1. 王阳明的观点

正如王阳明所说："立志用功，如树使然。方其根芽，犹未有干；及其有干，尚未有枝。枝而后叶，叶而后花、实。初种根时，只管栽培灌溉，勿作枝想，勿作叶想，勿作花想，勿作实想，悬想何益？但不忘栽培之功，怕没有枝叶花实？"王阳明认为这就是"知行合一"的人生态度，只管栽培灌溉，脚踏实地，勿作他想。回到事物的本原，不前瞻后顾，心无旁骛地、纯粹地去做一件事，活在当下。

2. 其他名家的观点

陆游说："纸上得来终觉浅，绝知此事要躬行。"又说："天下之事，闻者不如见者知之为详，见者不如居者知之为尽。"强调了实践的重要性，吾深以为是。

明朝的王廷相说："讲得一事，即行一事，行得一事，即知一事，所谓真知矣。徒讲而不行，则遇事终有眩惑。"由此可见知易行难，不行即是无知。

《荀子》言："道虽迩，不行不至；事虽小，不为不成。""不闻不若闻之，闻之不若见之，见之不若知之，知之不若行之。"不管事情大小，闻见知行，行是最终的归宿。

朱熹曾言，"知之愈明，则行之愈笃；行之愈笃，则知之益明"。两者互相成就，互有裨益。

清代颜元的"心中醒，口中说，纸上作，不从身上习过，皆无用也"。言简意赅，揭开了知行关系的真面目：有知无行，一切皆是枉然。

3.《论语》中的观点

"子路有闻，未之能行，唯恐有闻。"（《论语》）子路听到道理，如果没实践，便害怕又听到新的道理！

即知即行！其实这个道理看起来很简单，但是实践起来却不是那么容易。因为我们经常觉得懂了就掌握了，忽略了实际行动。我们求学听到一个学问，立刻就把这个学问用在自己的生活上，去实行。如果还没有来得及实行，子路说，他唯恐有闻，唯恐又听闻新的学问。这是他循序渐进，学得很扎实，不贪多。一开始搞广学多闻，心就乱了。所以子路能够有这样的学法，他才能够登堂，只是没入室而已，入室的是颜回。

子曰："富与贵，是人之所欲也；不以其道得之，不处也。贫与贱，是人之所恶也；不以其道得之，不去也。君子去仁，恶乎成名？君子无终食之间违仁，造次必于是，颠沛必于是。"（《论语》）

孔子说，富裕和显贵是人人都想要得到的，但不以正当的方法得到的，就不要去享受它；贫穷与低贱是人人都厌恶的，但不用正当的方法去摆脱它，就不会摆脱的。君子如果离开了仁德，又怎么能叫君子呢？君子没有一顿饭的时间是背离仁德的，就是在最紧迫的时刻也必须按照仁德办事，就是在颠沛流离的时候，也一定会按仁德去办事的。这一段，反映了孔子提到的"行仁"的重要性，任何人都不会甘愿过贫穷困顿、流离失所的生活，都希望得到富贵安逸，但这必须通过正当的手段和途径去获取，否则宁守清贫而不去享受富贵，这种观念在今天仍有其不可低估的价值，这一章值得研究者们仔细推敲。君子无论在何时、无论在什么情况下，都要坚持仁德践履仁德，做到真正的"知行合一"。

儒家思想中"知行合一"的思想是有其体现和内涵的，这也是士文化的核心精神之一，这种思想对后世影响极大，直到今天我们仍可感受到这种影响的存在。

二、以文为例，知行合一

（一）以《寡人之于国也》为例

孟子在社会政治理论方面突出仁政、王道的理论，他从历史经验总结出"暴其民甚，则身弑国亡"又说三代得天下都因为仁，由于不仁而失天下，体现了从实践中获得真知的道理。

孟子对于"仁政"的认识很深刻，以至于自认为对国家已经"尽心焉耳"的梁惠王提出"民不加多"的疑问时，孟子就表示梁惠王和邻国之君两人其实并无本质区别，都是没有实行仁政，对于一个国家来说，赈灾救民只是它最基本的任务，这实际上是头痛医头、脚痛医脚的办法而已。

（二）"知行合一"的具体措施

1. 孟子知行合一，施行仁政的第一个举措就是认为要不违农时、发展生产、解决百姓吃穿问题。

孟子首先从"不违农时""数罟不入洿池""斧斤以时入山林"推出"谷不可胜食""鱼鳖不可胜食""材木不可胜用"，继而推出"是使民养生丧死无憾"这个新的结论，最后推出最终的结论"王道之始"，强调了要施行仁政就要从不违农时，发展生产，解决百姓最基本的吃穿问题需要入手。

2. 孟子提高人民的物质生活水平之后，进而着手解决精神文明问题，发展教育事业，让孝悌之理深入民心，人人孝顺父母，敬爱兄长，从而推而广之。这样一个老有所养、民风淳朴、其乐融融的社会而何愁民不加多！

3. 最后，孟子还语重心长地指出"使民加多"的正确态度：王无罪岁，斯天下之民至焉。不要归罪于年成，知行合一，要有具体的措施实行仁政。

三、深入实践，探究真知

《种树郭橐驼传》是一篇兼具寓言和政论色彩的设事明理之作。《石钟山记》《游褒禅山记》作为北宋游记散文的代表，都注重文章为社会现实服务，极具理性的说服力。下面就以这三文为例，深入剖析，谈谈关于"知行合一 实践真知"主题阅读的理解和感悟。

（一）以《种树郭橐驼传》为例

郭橐驼种树时，"凡植木之性，其本欲舒，其培欲平，其土欲故，其筑欲密。既然已，勿动勿虑，去不复顾"，顺应树木天性，树木方能"硕茂，早实以蕃"。我们应该学习郭橐驼种树时"顺木之天、以致其性"的理念，橐驼种树技艺之高，不在于精心呵护，而是懂得把握尺度，顺其天性。顺其天性，知道天性，坚持按天性来培育，这就是"知行合一，实践真知"的为人处世之道。

"其莳也若子，其置也若弃"，让学生"硕而茂之"。老子说："反者道之动"。任何事物都是反向运动的，都包含有向相反方向转化的规律，如若爱之过度，操之过慇，在一定条件下，坏的东西可以引出好的结果，好的东西也可以引出坏的结果，欲速则不达。学会放手，顺应天性，把生长的时间还给树木，将课堂时间还给学生，学生就像是树苗，在教育的过程中，应让他们自然生长，"顺木之天，以致其性"，适当的时候为其"松松土""除除草""施施肥"，顺应学生的成长规律，尊重学生个性，少就是多，放养的比圈养的更苗壮，也更有营养。

在这方面"知"很容易，不拔苗助长，"行"却相当有难度，不过度干预，不害其长，适当放手，适度关爱，"勿动勿虑"，尊重学生个体差异，在教学中处理好共同性与差异性的关系，不用统一的模式塑造学生，承认学生发展的差异性、不平衡性及学生发展的独特性，让学生的个性得到充分彰显。营造宽松自由、民主平等的氛围，建构有生命力的、活跃的语文课堂，达到"无为而无不为"的境界。

（二）以《石钟山记》为例

在《石钟山记》首段中，苏轼认为郦道元《水经注》所记语焉不详，提出自己的怀疑理由："今以钟磬置水中，虽大风浪不能鸣也，而况石乎！"后对李渤之说尤为怀疑："石之铿然有声者，所在皆是也，而此独以钟名，何哉？"这说明苏轼对石钟山之得名充满了好奇之心。

苏轼不迷信，不盲从古人，对前人成说，敢于提出自己的疑问，并说明存疑的理由，为他后面知行合一，实践探索真知做了铺垫。

宋神宗元丰七年六月丁丑，苏轼和长子苏迈有意避开白天的喧嚣，夜乘小船，至绝壁之下，经身临其境、静心观察、仔细思考之后，终于找到了石钟山因山得名的真相，得出"古之人不余欺也"的结论。

为了揭开石钟山神秘面纱，彻底解开心中疑团，也为了验证前人成说，苏轼决定亲自考察石钟山，这体现出实践出真知的主题。

士大夫缺乏探险精神，不敢夜乘小舟，泊于绝壁之下，去获取真知，所以他们没有谁能知道命名的真正原因。苏轼通过实地调查，觉得名与实相合，疑虑冰释之余深受启发。两项对比来看，他认为凡事需经耳闻目见，认真调查研究，并弄清真相，方可下结论，反对"事不目见耳闻，而臆断其有无"。

苏轼在探究山名的整个过程中，既不盲从古人，也不轻信时人，不避艰险，实地考察，身体力行，以亲见亲闻为依据，找到命名由来，这种探索精神难能可贵，真正做到

"读万卷书，行万里路"，把知和行很好地结合起来。用书本知识推动自己实地调查，又用实地调查结果验证书本知识。苏轼因名求实、知行合一的做法，正是实事求是的科学态度和追求真知的探索精神的体现。

"乌台诗案"后五年，苏轼创作《石钟山记》之时，正是他仕途受挫，人生失意之时，他在泥里生活，在云里写诗，在岁月里洒脱，他没有悲戚不平，相反，文章向我们展现了苏轼严肃冷静、探求真知的个性特征；他不尚空谈，不避艰险，注重实地调查，求真务实，探求事实真相、知行合一的人生观也始终贯穿于他文学创作的理论和实践中。

另外，东坡词有"人道是周郎赤壁"之句，指赤壁矶也。"人道是"三字仍委婉地表明苏轼求真求实的创作态度，此与其探索精神正是一脉相承的。

苏轼认为文章应"有为而作"，"言必中当世之过"（《凫绎先生文集序》），还主张"文字华实相副，期于适用"（《与元老侄孙》）。这种求实的文风、务实的创作态度，也体现了知行合一、艰苦实践的探索精神。

当今是中华民族伟大复兴的时刻，苏轼"事不目见耳闻，而臆断其有无"的慨叹和那执着认真、严肃不苟、不迷信古人和权威、注重实证的探索精神不仅在当时产生了影响，也给我们留下了宝贵的精神财富，启发并引导人们读书知理要知行合一、实事求是、注重实践。

（三）以《游褒禅山记》为例

王安石认为实践需"深入"，"夫夷以近，则游者众；险以远，则至者少。"走马观花，蜻蜓点水式的调查，人人都能做得到，一遇到复杂的问题，或是再深入一步，就有人浅尝辄止。

正所谓岂不知"世之奇伟、瑰怪，非常之观，常在于险远，而人之所罕至焉"，事物的真谛往往就在常人难以发现的地方。"不入虎穴，焉得虎子"。这告诉我们实践需要深入地去了解、去体验、去研究，透过纷繁复杂的现象，发现"有价值"和"闪光"的东西。

那是不是只要深入进去，就一定能得到真知呢？不一定。那接下来，我们要如何做？深思。"古人之观于天地、山川、草木、虫鱼、鸟兽，往往有得，以其求思之深而无不在也。"

调查的材料大多是原始、感性和零碎的，需要经过由表及里，由此及彼地分析研究，感性认识才能上升到理性认识。

该如何深思呢？忌"随大流"。

他在谈到未能尽到游玩乐趣的原因时说到"悔其随之"，"方是时，余之力尚足以入，火尚足以明也"。能力尚足以，却留下遗憾，究其原因，在于随波逐流，人云亦云。

这也是在实践过程中最容易犯的错。这就启示我们要养成独立思考的习惯，不要受旁人轻易放弃的影响。

"无不在"，"求思之深而无不在也"指思考的全面，即解放思想，改变种种非好即坏，非此即彼的单一思维模式，全方位、多视角地认识问题，分析问题，解决问题。

"慎取"，"此所以学者不可以不深思而慎取之也"。实践中遇到的任何问题比之博大精深的社会实际，都不过是沧海一粟。无论是从宏观上看还是从微观上看都可能存在失真或偏颇。想要得到真知，就要去伪存真，反复核实。

（四）《石钟山记》《游褒禅山记》主旨共同点

两文的主旨异中有同，其中《游褒禅山记》中的深思而慎取，不可人云亦云，和《石钟山记》苏轼身临其境，实地考察得出的"事不目见耳闻而不可主观臆断"都强调了实践中必须要谨慎、躬行，不迷信前人，敢于质疑，善于思考，大胆探索，注重实践精神的共同点。

两文均显露了重视实践这一主旨，让我们听见了传统文人心灵搏动的声音，"深思"反映了传统的"内美"思想，是"修身"理想的具体体现。通过内省达到内美，提高自我修养和实践的能力。两文在知行合一、实践真知方面做了更深入的和更切合具体实际的探讨，极具代表性，有很强的指导借鉴意义。

"士"的精神血脉始终贯穿在中国传统文化中，从"知行合一，实践真知"的角度对中华传统文化经典研习之士文化进行鉴赏，更有利于引导学生们形成自己的思想和行为准则，养成独立思考，勤于实践的行为习惯，鉴赏中华传统文化理性之美。

参考文献

［1］刘宇新. 专题教学：改变从教师开始［M］. 北京：北京师范大学出版社，2012.

［2］马启俊. 因名求实知行合一：从《石钟山记》看苏轼的探索精神［J］. 池州师专学报，2004（2）：55－57.

［此文荣获第八届全国高中语文教师教学基本功展评（大赛）暨教学观摩研讨会论文评比二等奖］

五、教学评价与资源开发

24. 高中数学实验课程开发与实验表设计

刘艳丽

摘　要：本文探讨了高中数学实验课程开发的路径，并在深度分析教材中融合信息技术的教学内容基础上，以圆锥曲线为例，经过系统分析、整合、设计三个步骤进行数学实验课程的设计，开发《数学实验手册》作为校本教材，以数学实验表的形式作为任务驱动，使学生在数学实验活动中体验数学的可视化，走向数学的深度学习。

关键词：高中数学；数学实验；课程开发；实验表

一、数学实验课程开发的整体架构

《普通高中数学课程标准》提出：数学探究、数学建模与数学文化是贯穿整个高中数学课程的重要内容，这些内容不单独设置，而是渗透在每个模块或专题中。高中阶段至少应安排一次较为完整的数学探究、数学建模活动。"数学建模活动与数学探究活动"是高中数学课程的四条主线之一，在教学中基于对课程与教材的理解，开发数学实验课程可以使这条主线的活动收到实效，因此高中数学实验课程开发与实验表设计开启了高中数学课程的一个创新性课程领域。

图1　整体架构的思维导图

数学实验是基于深度学习理论，指向数学学科素养的项目类课程，是来源课本、立足课本、立足高考，借助信息技术工具进行知识迁移、问题解决和能力培养的数学活动。数学实验课程的开发在深度理解数学知识的基础上，将课本中的数学探究活动的内容自然地融合在教学活动中，实现知识的联系性、整体性，使得学生的学习不停留在浅层的表象，而是走向更高的深度思维。实验的目的在于让学生在实验项目的引领下，主动参与学习活动，动手操作，从单纯的、封闭式的活动走向复杂的、开放的、探索性的学习任务。

二、融合信息技术的数学实验课程的开发与实验表的设计

本文以人教 A 版高中数学选择性必修一的圆锥曲线单元为例，阐述数学实验课程的设计过程。

（一）深度理解教材，寻找信息技术融合的切入点

圆锥曲线是解析几何中的重要内容，教学中需要融合信息技术的内容如下表 1：

表 1　人教 A 版选择性必修一融合信息技术的教学内容一览表

栏目/课题	内容	工具	可操作性
第三章　圆锥曲线 3.1 椭圆	1. 章头图平面截圆锥 2. 椭圆的定义 3. 课本 P.108 例 2 利用信息技术探究点 M 轨迹形状	网络画板网站素材资源、GGB、网络画板	利用网络画板绘制几何图形、动态演示
3.1.2 椭圆的简单几何性质	P.111 离心率 思考：探究椭圆的扁平程度 P.112 注释①	Desmos 图形计算器	（1）Desmos 图形计算器建立椭圆方程，建立滑块 a、b，改变参数 a、b 的值；（2）再计算 c 与 a 的比值，观察扁平程度的变化（3）绘制焦点，两焦点离开中心的程度解决注释①为什么将 c 与 a 的比值叫离心率
P.116 信息技术应用	用信息技术探究点的轨迹：椭圆	GGB、网络画板	参见课本操作
3.2.1 双曲线	P.118 信息技术探究点的轨迹（双曲线）	GGB、网络画板	参见课本操作

续表

栏目/课题	内容	工具	可操作性
3.2.2 双曲线的简单几何性质	P.122 探究信息技术探究渐近线	Desmos、GGB、网络画板	参见课本操作
3.3.1 抛物线	P.130 探究信息技术	GGB、网络画板	网络画板动态演示,可操作性强
阅读与思考:圆锥曲线的光学性质及其应用	圆锥曲线的光学性质及其应用 P.139 例 5、P120 例 2、P132 例 2	网络画板	用网络画板演示从焦点出发的光线,经椭圆面、双曲线面、抛物线面反射的光线
习题	P.139 拓广探索第 13 题 P.146 拓广探索第 15 题	网络画板	利用网络画板演示,建立解决问题的模型
习题	P.146 拓广探索第 16 题——探究以焦点弦为直径的圆与准线的位置关系	网络画板	网络画板绘图可操作性强

可以看到这些都是零散的内容,在教学中会根据需要自然地融合信息技术,借助工具动态演示,帮助学生理解圆锥曲线及其几何性质。但是数学实验课程开发不能局限于此,而是基于这些内容进行深度挖掘和再设计,最终以数学实验表的形式呈现出来。学生能在任务表单的引领下,自主实验,探究数学结论。这就需要将课本中的几个零散内容汇聚在一起,使它们自然连贯地结合,在思维层次上体现由浅入深、由特殊到一般的原则。

(二)数学实验表的设计样式

已开发的数学实验课程的文本《数学实验手册》采用统一格式的数学实验记录表设计,每个实验共 2 页,分为小组成员、实验工具与目的、实验任务或问题、教师评价。

例如将课本中 P.140 - 141"阅读与思考:圆锥曲线的光学性质及其应用"与 P.139"拓广探索"第 13 题关联起来,从而设计学生使用的实验表。此实验采用的信息技术工具是网络画板,具体样式如下表 2(表内附图与结论或解题方法)。

表 2 数学实验设计表样式

数学实验十三:圆锥曲线的光学性质及其应用
班级:高一( )班   指导教师:
组长:
成员: 完成日期: 年   月   日

续表

实验工具：网络画板
实验前准备：1. 打开网页"网络画板共享实验室" 　　　　　　2. 熟悉网络画板的绘图功能
知识准备：镜面反射的原理：入射角 ＝反射角

任务 1：椭圆的光学性质

实验操作：

1. 在网络画板上绘制任意一个椭圆，构造焦点并标记 F_1，F_2；

2. 在椭圆上任取一点 P，选中 F_1、P 绘制线段；

3. 同时选中点 P、椭圆构造切线 l；再选中点 P、切线 l，构造垂线 l'；

4. 同时选中点 F_1、垂线 l' 构造轴对称，绘制出点 F_1 关于垂线 l' 的对称点 Q；

5. 选中点 P 与 Q 构造射线；

6. 拖动点 P，观察反射光线。

你能得到什么结论？当拖动 P 运动时，从 F_1 发出的光线经点 P 反射后都经过 F_2。

归纳椭圆的光学性质：从椭圆的焦点发出的光线经椭圆反射后，反射光线必经过另一个焦点。

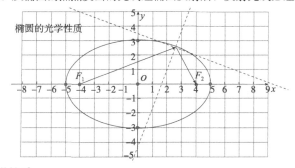

任务 2：双曲线的光学性质

实验操作：

1. 在网络画板上绘制任意一个双曲线，构造焦点并标记 F_1，F_2；

2. 在双曲线上任取一点 P，选中 F_1、P 绘制线段；

3. 同时选中点 P、双曲线构造切线 l；再选中点 P、切线 l，构造垂线 l'；

4. 同时选中点 F_1、垂线 l' 构造轴对称，绘制出点 F_1 关于垂线 l' 的对称点 Q；

5. 选中点 P 与 Q 构造射线；

6. 拖动点 P，观察反射光线。

你能得到什么结论？当拖动 P 运动时，从 F_1 发出的光线经 P 反射后，其反向延长线都经过 F_2。

归纳双曲线的光学性质：从双曲线一个焦点发出的光经双曲线发射后，其反射光线的反向延长线必经过另一个焦点。

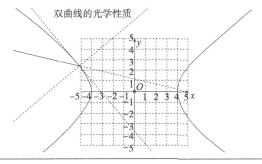

续表

任务 3：抛物线的光学性质

仿照上述实验操作，探究抛物线的光学性质，并将操作步骤记录如下：

1. 绘制标准抛物线，如设置焦准距为 2，开口向右；选中抛物线构造焦点和准线，标记字母 F、l；

2. 在抛物线上任取一点 P，同时选中点 F、P 绘制线段，线段属性设置"结束箭头"，即入射光线；

3. 同时选中点 P 与抛物线，作"切线"；同时选中点 P 与该切线作"垂线"；

4. 同时选中线段 FP 与垂线，作"轴对称"，即得到反射光线；

5. 拖动点 P，观察反射光线。

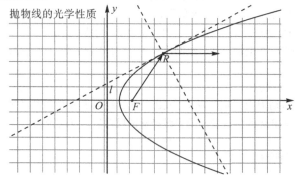

归纳抛物线的光学性质：从抛物线的焦点发出的光线经抛物线上的一点反射后，反射光线平行于抛物线的对称轴。

任务 4：圆锥曲线的光学性质的应用

（改编课本题）设抛物线 $y^2 = 4x$ 的焦点为 F，从点 F 发出的光线经过抛物线上的点 $M(1, 2)$ 反射，证明反射光线平行于抛物线的对称轴。

证明步骤	计算方法（不失一般性）
1. 过点 M 作抛物线的切线，求出切线方程	$\begin{cases} y^2 = 4x \\ y = k(x-1) + 2 \end{cases}$，消 x 得 $ky^2 - 4y + 8 - 4k = 0$ $\Delta = 16 - 4k(8-4k) = 0$，得 $k = 1$，切线方程为 $y = x + 1$
2. 过点 M 作该切线的垂线，求出垂线的方程	垂线方程为，即 $y - 2 = -(x-1)$，即 $x + y - 3 = 0$
3. 求点 F 关于该垂线的对称点	点 F 关于 $x + y - 3 = 0$ 对称点 F' 坐标设为 (x, y) $\begin{cases} \dfrac{x+1}{2} + \dfrac{y}{2} - 3 = 0 \\ \dfrac{y}{x-1} = 1 \end{cases}$　解得 $F'(3, 2)$
4. 直线 MF' 与 x 轴平行	直线 MF' 的方程为 $y = 2$，即证反射光线与对称轴平行

指导老师评价：

年　　月　　日

三、数学实验课程开发的理念——从数学可视化到深度学习

在深刻理解课标和教材的编写意图的基础上，把握圆锥曲线内容在代数与几何主线知识系统里的定位，基于单元教学的整体性理念进行数学实验课程的设计，突出了数学实验探究活动渗透在教学中的理念。借助网络画板让数学可视化，学生在具体的数学实验任务驱动下，独立或合作学习，这是一种全新的学习方式。在实验活动中学生组成学习共同体，人人都有角色：操作者、记录者、见习者。各个思维层次和能力水平的学生都能在实验中有所发展，甚至创新发展。教师从深度学习的视角设计实验任务，起到引领作用，是课程设计者、学生操作的指导者，而不是代劳者。

数学实验设计从以下三个方面突出了深度学习的理念：

1. 选择最佳信息技术支持工具。如网络画板在动态演示几何图形方面具有突出的优势。其操作简便，非常适合高中生进行数学几何图形类的数学实验活动，而数学实验是促进学生深度学习的一种有效路径。

2. 数学实验表的设计。数学实验表的设计的结构完整、样式符合校本数学实验手册的格式规范、任务明确、可操作性强。两页的表单便于学生记录数据、实验操作步骤、结论。

3. 关注学生的活动与体验。活动与体验是深度学习的特征之一，是指向深度学习的教学的根本特征。学生在实验活动中学得愉悦，学得彻底，学得深入有意义。

四、结语

数学实验课程是高中数学课程一个具有创新性、挑战性的课题，实验课程的开发源于教材，立足教材，是在整合教材资源与信息技术资源的基础上，进行课程的深度发掘，并开发出《数学实验手册》作为校本教材，实验手册中的实验项目以数学实验表的形式呈现，有相对统一的样式结构，由若干个具体任务组成，设定实验工具与实验目的，学生按照任务进行自主或者小组合作操作，最终完成实验并提交到指导教师。实验表作为任务驱动，使学生在数学实验活动中体验数学的可视化，走向数学的深度学习。

参考文献

［1］史宁中，王尚志. 普通高中数学课程标准（2017 年版）解读［M］. 北京：高等教育出版社，2020.

［2］刘月霞，郭华. 深度学习：走向核心素养：理论普及读本［M］. 北京：教育科学出版社，2018.

（此文荣获 2022 年中国移动"和教育"杯海南省教育技术论文评比活动一等奖）

25. 论高中地理课外阅读活动的设计与实践

——以《中国国家地理》的阅读为例

陈南芎

摘 要：地理阅读活动能够培养学生的地理思维、拓宽学生的地理视野、提升学生的地理综合素养。本文以《中国国家地理》杂志的阅读活动为例，阐述了高中地理课外阅读活动的设计与实践的过程，并给出适合高中地理教学开展的"课外阅读和课堂教学相结合"的指导策略。

关键词：高中地理；课外阅读；活动设计

笔者通过教学实践，探索出"课外阅读和课堂教学相结合"的地理课外阅读活动模式，不仅能提高学生课外阅读活动的参与度，同时能够建立"以学生为主"的地理课堂。课外阅读活动旨在培养学生的地理思维、拓宽学生的地理视野、提升学生的地理综合素养。笔者将从读本的准备、阅读作业的设计、阅读活动的开展、阅读作业的回收、阅读内容与课堂教学的融合这五个维度，具体阐述高中地理课外阅读活动的设计与实践的过程。

一、地理阅读活动的操作流程

"课外阅读和课堂教学相结合"的地理课外阅读活动的实践操作流程可以用图1简略表示。

图1 "课外阅读和课堂教学相结合"的地理课外阅读活动模式

二、地理阅读活动的实践过程

（一）准备地理读本《中国国家地理》杂志

课外阅读活动的书籍量是课外阅读活动顺利开展的保障。

本阅读活动的开展要求书籍量和学生量的配比是 1∶4，即四名学生能共读一本书，如果班级人数为 40 人，应配备 10 本《中国国家地理》杂志。经笔者的实践发现，如果书籍数量和学生量的配比小于 1∶4，学生参与度过低，会降低阅读活动的教育效果，阅读活动难以推进。如果书籍数量和学生数量的配比大于 1∶4，会提高学生的学习参与度，培养良好的阅读氛围，有利于"课外阅读和课堂教学相结合"的教学探索。

1. 书籍来源

地理课外阅读活动书籍来源有四个途径。

（1）教师个人书籍来源。

据了解，不少地理教师都曾订购《中国国家地理》杂志。具有过一年以上的订阅时间的地理教师都适合开展本次活动。

（2）购买二手杂志。

在网络购物平台搜索二手杂志，购买性价比较高的《中国国家地理》过刊，可以降低本活动开展的成本，缩短本活动的准备时间。

（3）借阅其他教师和学生的杂志。

通过借阅其他教师和学生的杂志，可以快速充盈阅读活动的图书数量。

（4）借阅图书馆阅览室书籍。

学校阅览室因长期订购《中国国家地理》杂志，其充足的图书数量可以支持阅读活动的开展。

笔者连续两年订购国家地理杂志，还曾大量购买二手国家地理杂志，所以手头的本数有 60 多本，完全够一个班级每人一本流通。

在书籍数量较少的情况下，建议教师可以采用购买电子版，提取文字复印给学生。如果有的个别学校有条件的可以通过平板电脑以电子书的方式阅读，并且通过《中国国家地理》网站、公众号、APP 可以免费阅读部分文章。

2. 做书籍标签

收集好《中国国家地理》杂志之后，要给每一本杂志做书籍标签——在杂志的封面贴上本活动的名称、本活动负责教师姓名及电话。

此举目的是：其一，可以保证图书在学生传阅的过程中，防止和非本活动的《中国国家地理》杂志混淆；其二，保证活动期间杂志的数量，在学生遗失活动书籍后，拾到者可以按标签信息归还书籍；其三，避免增加遗失书籍学生的内心负担。

（二）设计阅读作业设计

《中国国家地理》阅读作业既是学生参加课外阅读活动的导学案，又是阅读任务单，在本活动中被称为"阅读记录单"，其项目有杂志的类型、时间、篇目、阅读内容、阅读感想。

阅读内容中注明可摘抄、可配图，让学生发挥自主能动性。最后一栏的阅读感想处注明要联系课本知识，这样有利于教师把学生的课外阅读内容连接到地理的室内课堂。表1是笔者使用的《中国国家地理》阅读记录单，供读者参考。

教师可以根据所执教班级印刷《中国国家地理》阅读记录单数量，制作阅读记录单。

表1 《中国国家地理》阅读记录单

"地理大阅读"读书记录	
《 》杂志/书籍 年 期	
阅读篇目	
阅读摘抄（可配图）	
	阅读感想（联系课本知识）

（三）启动《中国国家地理》阅读活动

在准备好贴上书籍标签的《中国国家地理》杂志及阅读记录单之后，教师可以择日启动中国国家地理阅读活动。

1. 举行《中国国家地理》阅读活动的启动仪式

《中国国家地理》阅读活动的启动仪式的时间安排在课间或上课前的三至五分钟。向学生们发书、布置作业内容、并展示评价标准。

阅读活动仪式的举行，时间虽短，但其仪式感会让学生更加重视地理阅读活动，学生的参与度、重视程度决定了活动的质量。

2.《中国国家地理》阅读活动的任务内容

向学生说明《中国国家地理》阅读活动的任务内容：

（1）作业时间为期一个月。

阅读作业时间两至三周，其间会因考试、假期等原因，一般完成一次阅读活动将历时一个月。

（2）个人、或2－4人为一个小组上交一份阅读记录单。

（3）优秀阅读记录单的评价标准。

优秀阅读记录单具备以下特点：所选择的篇目具有明显的地理学科而非生物历史等倾向。摘抄内容逻辑分明、图文并茂。阅读感想能链接地理课本知识点，并给出正确的见解。

（四）教师回收阅读记录单

1. 教师回收、审阅并挑选优秀作品

笔者在所任教的四个班级都进行了中国地理阅读活动。四个班的人数分别为29人、32人、37人、31人。129位学生参与阅读活动，学生的活动参与度为100%。共计收到99名同学的阅读记录单，作业完成度约为77%。

2. 教师制定优秀名单及篇目记录表

教师挑选出学生的优秀阅读记录，制定学生课外阅读内容与教学知识点的联系表格，例如表2是笔者统计的持教班级中优秀阅读记录的学生姓名、阅读篇目及相关知识点。

表 2　阅读活动优秀名单及篇目记录

高二20班 2021年11月阅读活动优秀名单及篇目记录			
姓名	阅读篇目	所在期刊	与教材相关的知识点
华想、张语珏	《中国雪线》	11年第08期	自然环境的差异性、雪线
陈子晗、周云	《中国林线》	11年第09期	自然环境的差异性、林线
林润欣	《珊瑚金三角中心寻虾记》	21年第10期	海洋生物多样性的生态原因、渔场成因
王静茹	《两极奇观冰山》	20年第06期	冰山的成因
王曼	《冬季到渤海去看冰》	20年第05期	水资源问题及海水淡化问题
陈素玲	《海南东寨港的红树林生存实验》	20年第02期	植被及湿地的作用
王涵	《有一种风景叫河曲》	11年第02期	河流侵蚀和堆积地貌
黄春燕	《潭门镇，南海观赏鱼从这里运向全国》	13年第01期	海洋教育
陈美恋	《深入亚马孙，水与密林交织的秘境》	20年第08期	河流的补给、河流对环境的影响
钟燕萍、钱雨佳	《中国早期文明的盐语》	11年第04期	土地盐碱化的成因
胡舒雯	《萤火虫热调查》	16年第08期	生物多样性

续表

高二 20 班 2021 年 11 月阅读活动优秀名单及篇目记录			
陈政良	《湖南，中国内河航运的枢纽省》	21 年第 02 期	河流的航运、船闸工作原理
郑芸	《中国土豆，一薯解粮优》	20 年第 07 期	粮食安全问题
洪慧莉	《平衡石，在地质长河中昙花一现的奇观》	21 年第 06 期	地质作用、风化作用

在这个班的作业中，《大亚湾，谁调制了这杯马天尼?》涉及河流的航运条件，《两极奇观冰山》涉及冰山的成因，《冬季到渤海去看冰》涉及水资源问题及海水淡化问题，《海上森林红树林》涉及植被及湿地的作用，《有一种风景叫河曲》涉及河流侵蚀和堆积地貌，《潭门镇，南海观赏鱼从这里运向全国》涉及海洋教育，《深入亚马孙河流的补给》涉及河流对环境的影响，《中国早期文明的盐语》涉及土地盐碱化的成因，《萤火虫热调查》涉及生物多样性，《湖南，中国内河航运的枢纽省》涉及河流的航运、船闸工作原理，《中国土豆，一薯解粮优》涉及粮食安全问题，《平衡石，在地质长河中昙花一现的奇观》涉及地质作用、风化作用。

3. 优秀名单及篇目记录表的制定目标

教师制定优秀名单及篇目记录表有以下目标：

（1）表彰优秀的同学。

表彰优秀阅读者，并给其他同学作出表率，培养良好的阅读氛围。

（2）选定课外阅读与课堂教学的融合点。

整理优秀阅读记录的知识点，加入教师备课资源，准备开展课外阅读与课堂教学的融合。

（3）初步选定课堂小讲师。

在地理阅读活动的后期，优秀阅读者将在课堂展示自己的阅读成果，并充当小讲师分析地理现象，协助教师完成课外阅读与课堂教学的融合。

（五）课外阅读与课堂教学的融合

1. 教师结合教学进度融入优秀阅读记录的知识点

《中国国家地理》杂志涉及地质、地貌、植被、水文、生态、农业、工业等高中的地理知识点，所以学生所做的阅读记录中有大部分都会与我们的教学关联。教师在备课的时候涉及的相关知识点，可根据"优秀名单及篇目记录表"查找到与该知识点有关的阅读记录及学生，并让学生当小老师，基于他们的阅读记录来做课堂上的知识讲解。

2. 教师培训优秀阅读者当小讲师

（1）对学生进行展示培训的必要性。

并不是所有的学生都是天生的优秀展示者。经笔者的实践经验发现，许多学生在展示时会出状况，例如超时、缺少互动、体态扭捏等，因此要对学生进行展示培训。

（2）对学生进行展示培训的具体内容。

首先，教师要告知本次展示的时间、目标。

其次，协助学生完成演讲PPT。为学生提供中国国家地理的图片，审核演讲文稿的文字色彩、大小是否符合演讲使用。

再次，对学生进行台风培训。让学生在教师面前进行3分钟说稿，要求学生的声音洪亮有力，语速适当，并尽可能使用地理学科的专业语言。上台时要面对学生，不能低头扭捏。

最后，要对其他学生提要求：要认真听讲，并且当展示者讲到精彩处时，要给予掌声鼓励，在展示者提出问题的时候要踊跃参与，在展示者讲完之后，可以质疑，进行讨论。

3. 学生课堂展示阅读成果，并讲解地理知识

以下是笔者实践的教学案例，供读者参考。

融入学生优秀阅读记录的教学案例：雪线

备课背景：笔者在备课选择性必修一的第5章第2节"自然环境的地域差异性"时，通过查找优秀名单及篇目记录表确定与本知识点有关的阅读信息：有一个由两名同学组成的阅读小组阅读了2011年08期的《中国雪线》，于是在备课时把本节教学难点雪线的突破设定为学生分享《中国国家地理》2011年08期的《中国雪线》，带领学生一起探讨雪线的概念、影响因素等。

培训学生：找到2011年08期的《中国雪线》的学生作者，告知本次展示时间为10分钟以内，展示的目的是带领同学们一起探讨雪线的概念、影响因素等。使用PPT进行展示。

三、地理阅读活动的总结与改进

（一）地理阅读活动的成绩

地理阅读活动培养了学生的地理思维、拓宽了学生的地理视野、提升了学生的地理综合素养。课外阅读与课堂教学的融合促进了地理阅读活动的可持续发展。

（二）地理阅读活动的不足

1. 地理阅读活动暂时难以大范围推广

地理阅读活动难以大范围推广的原因主要是许多教师收集到的地理书籍数量难以支撑地理阅读活动的开展。

2. 地理阅读活动要向深度学习发展

深度学习是课外阅读活动的下一步研究方向。实践证明"课外阅读与课堂教学的融合"是深度学习的一个正确方式。笔者也将继续实践地理阅读，探索其他关于深度阅读的途径。

（三）地理阅读活动的改进

1. 展开《中国国家地理》的文章解析工作

笔者加入了由全国爱好地理阅读教育的地理教师组成的《中国国家地理》文章解析团队，我们已经完成了近两年《中国国家地理》的 60 多篇文章的问题设计，将为学生提供《中国国家地理》的文章导读案例，引导学生深入学习。

2. 建立《中国国家地理》导读微课资源库

笔者与爱好地理阅读教育的地理教师开始录制《中国国家地理》的导读微课，现在已经在国内知名的视频弹幕网站哔哩哔哩申请了名为"国家地理大阅读微课"的账号，并上传了 13 个《中国国家地理》导读微课。这些视频资源将作为全国地理师生的教学资源，推动地理阅读活动的展开，促进课外阅读与课堂教学的融合，引领学生进行深度学习的课外阅读。

参考文献

[1] 中华人民共和国教育部. 普通高中地理课程标准（2017 年版 2020 年修订）[M]. 北京：人民教育出版社，2020.

[2] 杨小龙. 如何有效培养高中生的地理阅读能力 [J]. 中国校外教育，2014（2）：175.

（此文荣获 2022 年度海南省基础教育创新研究与实践论文评选省级一等奖）

26. 新高考背景下的地理作业设计

王媛媛

摘　要：随着海南新高考新教材的推进，高中地理教学越来越注重学生的地理核心素养的培养，传统的作业设计已经不能适应这一改革特征，本文在了解当前高中地理作业情况的基础上，结合高中新课程标准和地理教学系统需求，从作业的形式、要求、内容、层次、时段、设计主体及完成主体七个维度，分别以七种"相结合"对地理作业进行了创新设计，从而实现学生对知识的迁移应用和解决问题的实践能力的提高，有利于学生兴趣的培养和发挥其学习的主体地位，从而提高地理教学的有效性和综合性地培养学生的地理核心素养。

关键词：地理教学；地理作业；创新设计

　　高中地理教学的目标在于使学生掌握地理的基本知识及原理，发展学生的地理思维，增强学生的爱国主义情感，且树立科学的人口观、资源观及可持续发展观等。高考改革背景下，这一教学目标需要全面落实和深入贯彻，更加关注学生地理学习兴趣的培养，将素质教育的理念融入其中，使学生在学习地理知识的过程中，能够真正感受到学习的乐趣，逐步形成一定的地理素养，在地理学习的过程中获得更多的情感体验。

　　作业是教学活动中的一个十分重要的环节，是课堂教学的延续，也是学生检验自己知识掌握程度的有效方法。然而传统的作业观不但没有促进新课改的发展，反而起到阻碍作用，学生做题心不在焉，消极应付，这样不仅浪费时间和精力，而且在知识的巩固和学习能力的提高上效果甚微。学生在这样的题海战术中更是喘不过气，最终消磨了地理学习的热情，更不利于地理学科核心素养的提高。

　　如今，大部分教师注意到这类作业存在的问题，也在《关于深化教育体制机制改革的意见》（下文简称《意见》）的指引下看到了"光明"。《意见》指出，"当前我国教育改革发展已进入一个新的阶段"，要"全面落实立德树人根本任务，系统推进育人方式、办学模式、管理体制、保障机制改革，使各级各类教育更加符合教育规律、更加符合人才成长规律、更能促进人的全面发展……在培养学生基础知识和基本技能的过程中，强化学生关键能力培养。"包括认知能力、合作能力、创新能力等。要"激发学生好奇心、想象力和创新思维，养成创新人格，鼓励学生勇于探索、大胆尝试、创新创造。""践行知行合一，积极动手实践和解决实际问题。"在"立德树人、服务选才、导向教学"的目标下，地理作业需要有更多新的内涵，才能符合新时代地理学科的要求。这些要求包括：更具有开放性的内容，更具有多样性的形式，更为灵活的评价方式。因此本文对新课程标准背景下的地理作业从七个维度进行了设计，七种"相结合"揭示了地理作业的主要规律，积极调动学生的主观能动性，充分发挥学生的主体性作用，为新课程标准背景下的地理作业设计提供一定的参考。

一、从作业形式来看：原有形式与新形式相结合

（一）以形式成熟的地理作业为基础，稳步推进新课改

以往的地理作业受应试教育的指导，偏重于对教材知识的机械化巩固，大多以文字化的枯燥式记忆试题呈现。这样的作业形式之所以会长时间地存在，说明其还是具有相当强的可操作性，因此不能全盘否定，新高考背景下的地理作业设计是对原有地理作业形式的优化和完善，也必须以原有地理作业形式为基础。如纸上习题类的作业需要保留，但务必要精挑细选，选择极具代表性的题目，果断舍弃那些大量占用学生时间但无法培养学生思维能力的"繁、偏、旧"题目。

（二）对作业的形式和内容进行创新，提高学生作业兴趣

长时间单一的作业形式会令学生产生厌倦情绪，且没有任何一种单一的作业形式能够满足所有的教育要求，地理作业的形式亟待改变。只有作业变得有趣了，学生才不会在思想上排斥，才可能由原来的"应付"，逐渐转变为接受，进而升华到热爱。根据赵海军对江苏南通6所不同类型学校的200名学生的调查，100％的学生认为作业形式应该多元化。多元化的具体表现：阅读一本课外的地理书，如《中国国家地理》《博物》《走遍中国》等，这些书籍内容丰富有趣且图片精美，有效拓宽了学生的视野和刺激学生感官，从而缓解阅读疲劳；看一部地理纪录片，如《航拍中国》《舌尖上的中国》《透视地球》等，根据纪录片相应命制实践作业，有利于培养学生的综合思维；让学生自己当主播，介绍自己的家乡，宣扬海南，走近海南，热爱海南，这是自贸港对自己子民的呼吁，也是对四方来客的迎候；还可以融入观察、实验、网络搜索等非纸上作业，培养学生认知与学习的能力。

二、从作业要求来看：完整体系与突出重点相结合

（一）在学生思维中建构完整的基础知识体系，同时培养其系统性思考的能力

避免只关注单一知识点的作业，充分考虑学生需要，构建学生脑中完整的地理学科脉络体系，使学生系统掌握基础知识。同时，应打破学科局限，将地理作业与数学、物理、化学、政治、生物等学科融合，运用多学科的原理来完整地解释一个具体的实际问题，锻炼学生从宏观的角度审视问题，养成大局观的生活常态。多设计开发性的作业形式，如要求学生课后通过各种途径收集整理中国 1949 年后的人口政策和人口数量变化情况，结合历史、政治等学科的相关内容分析原因，并对应发达国家当今的人口政策，预测今后一段时间我国的人口变化趋势并给出理由。再如，设计地理实践作业，通过测量学校旗杆的影长与旗杆的高度，结合数学中的正切值计算出太阳高度角。

（二）对于重难点知识的内容，需要教师指导学生有的放矢

以完整的地理知识体系为基础，强化重点知识和难点知识在作业中的体现，使学生有针对性地练习和记忆。

三、从作业内容来看：科学理论与生活实例相结合

（一）涵盖客观的科学理论，使学生以真理为主导

地理知识的学习要点在于把握事物发展规律，作业中应有客观科学理论的体现，以培养学生分析问题、举一反三的能力。例如，《地区产业结构的变化》中通过课本上珠江三角洲和上海的案例总结方法，查阅海口市的发展历程并作案例分析。

（二）以生活实例深化理论认识，加强学生总结和归纳地理问题的能力

地理学科的一个重要特点就是与实际生活联系十分紧密，我们教师在备课过程中，可以努力寻找生活中的地理实例或结合时事，引导学生运用地理原理或地理知识去解释身边的地理现象，并将此思路反映到地理作业中，让学生更好地感受生活，感受自然。如果在地理作业中能够加入一些学生动手操作的生活因素，便是对课堂教学的一种极好的补充和辅助。例如，用给定的工具，一根竹竿、粉笔、长线、直尺、手表，测量学校所在地的经度；运用身边的工具，完成地转偏向力存在证明及效果演示的实验；学习了三类岩石的成因后，将旅游中收集到的岩石，带到课堂展示，通过了解采集地和肉眼观察，让同学间相互辨认；设计一个热力环流的实验，在实验过程中要能够明显地看到不同温度的空气的流动方向；写观察日记，对不同季节每天日出、日落的时间及日影方位和长短进行记录并分析原因。

（三）可以将作业的难度分为几个层次，满足不同学生的需求

以往，教师给全部学生布置相同内容、相同数量、相同难度的作业，没有充分关照到学生的差异性，学生缺乏选择权。相同的作业，有些学生感到完成起来十分困难，而对另一些学生来说则是浪费时间。尊重学生的个体差异，为不同层次的学生设计相应的作业，使其尽快脱离"舒适区"进入"学习区"，才有助于激发不同层次学生的学习积极性，让每个学生都能够感受到成功的喜悦。作业的选择还要符合学生的认知规律，需要教师在平时的教学活动中注意观察学生的性格、兴趣与特长，如高中生对于与自己直观想象相冲突的现象和一些富有挑战性的工作表现出极强的兴趣。

（四）公平对待每个学生，统计并均衡学生作业的完成量

虽然对学生的作业难度进行差异化设计，但每个学生完成作业的工作量应该统一，避免使学生产生不公平的心理，也体现出教育教学的公平性。

（五）适当加入课堂作业，利于教学知识及时巩固

课堂作业的首要任务就是帮助学生及时梳理当堂内容，理清思路，这就要求老师在备课时一定要注意课堂的"留白"，将时间还给学生，通过学生间对作业的讨论与合作，将课堂内容尽可能消化，在设计问题时多考虑一些宽泛性的，有探讨价值的问题，鼓励学生思维碰撞。如安排课堂实验，教师准备温水、冷水、红墨水、塑料盒、玻璃片等材料，让学生设计实验模拟冷暖气团相遇，并用语言描述实验结果；安排主题讨论，让科代表关注国际主题日的日期，并提前告知同学，组织专项的主题讨论，产生思维的碰撞，擦出智慧的火花。

（六）以课下作业为主，深入全面检验知识掌握程度

课堂时间的限制以及课堂教学重点的把握，注定了课下才是完成作业的主要时间。不同于课堂作业的重难点突破，课下作业还要讲究全面性和系统性。

四、从作业设计主体来看：教师主导与学生参与相结合

（一）以学生的实际需求为出发点，自行设计地理作业

挑出一些推理性较弱，涉及内容宽泛的章节，让学生充当"小老师"，准备 10－15 分钟的讲解，集思广益，给予学生开放表达自我、展示自我的空间。甚至可以尝试让学生自己设计作业，然后同学之间相互交换完成对方布置的作业，相互批改，再交由教师审阅。

（二）以教学的课程标准为落脚点，教师仍为作业设计的主导

毕竟教师的知识构架高于学生，作业的设计主体仍应以教师为主，学生设计也应在教师的指导下完成，以确保总体方向的正确性。当然，随着学生主体性、自主性的不断

显化，作业设计主体的主导者将会向学生过渡。

五、从作业完成主体来看，学生做与教师评相结合

（一）作业是学生向教师展示学习情况的较为高效的方式

学生作为完成作业的重要主体，需要通过作业向教师传达自己的学习情况，这样才能使教师及时调整教学方法，改进教学进度。

（二）作业也是教师向学生反馈改进措施的较为高效的方式

从另一个角度看，作业也是老师和学生沟通的一种方式，老师与学生的课下沟通不应该仅仅是练习册上的对号、错号和几句简单的评语而已。学生需要得到教师更多的反馈，才能及时调整学习方式和重点。从这个角度看，作业的评价可以看作是学生布置给教师的作业，教师作出评价时要从学生态度、收集资料方式、思维缜密度、知识的灵活运用能力等方面去分析，给出综合性的反馈。同时让学生参与作业互改互评的批改环节，这样他们的学习体会将更加深刻，在无形中把知识锁在记忆里。

师生双方都应充分意识到作业对学习、发展的重要性，教师要及时更新掌握新课程教学理念，不断创新和丰富作业环节的内涵，正确认识作业对有效学习的重要性，激发学生学习地理的兴趣，帮助学生消化、巩固地理知识，提升地理学习能力，进而促进学生综合素质的全面发展与进步。

参考文献

[1] 雷玲. 面向区域认知素养培养的高中区域地理作业设计研究 [D]. 武汉：华中师范大学，2020.

[2] 中华人民共和国中央人民政府. 中共中央办公厅 国务院印发《关于深化教育体制机制改革的意见》[R/OL]. （2017－09－24）. www. gov. cn/zhengce/2017－09/24/content＿5227267. htm.

[3] 赵海军. 初探有效教学指导下的高中地理作业系统改革 [D]. 成都：四川师范大学，2009.

（此文荣获 2021 年度海南省教育教学论文评比二等奖）

27. 基于真实情境的"教—学—评"一体化例析

——以"免疫调节"示范课的教学设计为例

程海鹏

摘　要: "教—学—评"一体化教学设计相较于当下课堂主要差异在于如何将"评"融入"教和学"中,解决原来教师在课堂中对评价环节的弱化或缺失等问题,让课堂教学中的评价能真正发挥应有的作用。进而使三者相辅相成,形成"2+1>3"的实际教学效果。本文以"免疫调节"示范课的教学设计为例进行解析"教—学—评"一体化教学设计的实现过程和方法。

关键词: "教—学—评"一体化教学设计;免疫调节;教学情境设置

"教—学—评"一体化教学设计思路的提出并不新鲜,已有许多相关文章和教学设计案例。但在教育大变革的当下,在以学科素养为核心的新教育思想背景下,如何让生物学核心素养真正落实并体现在平常课堂中呢?在讨论回答这个改革落地的问题过程中,基本共性的认识和回答就是教学设计应体现"教—学—评"一体化的设计理念。在此观点被广泛认同的氛围中,"教—学—评"一体化的教学设计思路在教育系统中旺盛生长,希望普通生物课堂教学设计的考量指标中能体现出对这个理念的重视,并需要我们教育工作者接力思考、探索、落实和推广。本文是作者以生物核心素养为根本,以"教—学—评"一体化的教学设计思想为指导,以真实情境为教学设计主线,对高中生物选择性必修一第四章"免疫调节"内容进行一轮复习课的教学设计,并根据课堂教学后的反思来分析关于"教—学—评"一体化的教学感悟,我将从以下几点来表达:

一、创新在哪里

(一)在教学设计要求上的变化

"教—学—评"一体化中的教和学在传统课堂中一直存在,从原来老师的教和学生的学相对独立,到后来三维目标的教育思想确立并实施后,老师的教和学生的学逐渐能有机结合，也有很多课堂开始设计活动，通过学生活动或任务驱动等形式，学生成为教和学的主体，老师起着引导和引领的作用，课堂显得更生动和多样化，这相对于传统教学无疑是巨大进步。

而现在提出的"教—学—评"一体化的教学设计其实就是要将"评"融入原有的"教和学"的课堂中，解决原来教师在课堂中对评价环节的弱化或缺失等问题，让评价在课堂教学中能真正发挥应有的作用。虽然"评"这个环节的融入看起来好像改变不大，但其实改变是巨大的，因为要想将"评"体现出来，学生必须有表现才能进行评价，而想要学生有表现学生就需要"参与"，如回答、表达观点或表述相关知识内容，老师或其他同学才能根据表现或表达来进行有效评价，这在教学设计时就要求必须有给学生表现的环节，而这就是情境的创设，所以情境创设就自然地进入了教学设计中。

情境创设相较于传统的可有可无，现在就变成必须存在。情境创设的优势在于其首先提高了学生的积极参与的兴趣；其次是基于真实情境的活动能加深学生对知识的理解和提高其解决实际问题的能力；再次是在解决问题过程中可以训练学生科学思维能力；最后还可以训练学生组织能力，协调配合能力和语言表达能力等。这些恰恰就是核心素养提升的有效通道。所以坚持"教—学—评"一体化的教学设计理念，可以更快地让培养学科核心素养的理念进入生物教学课堂中。

（二）在教—学—评融合上的变化

"评"的环节有了，传统教学设计有了较大的改变，会更直观充分地体现学科核心素养的新课标理念，但我们的教学设计不能仅停留在有了"评"的环节就够了，要更进一步思考如何让"评"与"教和学"有机结合，进而才能真正形成"教—学—评"一体化。一体化不是一节课体现了三个部分就行，而应该是"教—学—评"三个环节要相辅相成，形成"2＋1＞3"的实际教学效果，这是本文的案例分析的目标所在。

"教—学—评"一体化不是丢掉原有教与学有机结合的思想另起炉灶，而是在原有的教与学结合的基础上，通过增加"评"的环节来修正完善，让评价体系发挥重要作用，重在让"评"融入和显现出来，让"评"与"教和学"有效融合，最终形成"教—学—评"一体化。它不仅是以提高学生的核心素养为根本目的，是以教师的教、学生的学以及对学习的评价目标的一致性且相辅相成为指导思想，以真实情境为载体来进行的教学设计，这是生物学科素养中所要求的关键信息。

二、教学设计思路

免疫调节是内环境稳态调节网络中的重要一环，不可或缺。叠加当下疫情反复出现的情况，社会对疫情的重视强化了学生对免疫相关知识的了解的广度和深度，也使学生在课前就对许多相关知识内容有一些了解，对局部知识了解得还比较深入。但同时又存在相关知识理解不完整和不系统的问题，如何设置真实情境来引起学生的探索兴趣，并通过情境的创设激发出学生的思维活跃度，使学生更快融入课堂教学中来，并在后续学习中能通过老师的引导不断深入思考和理解相关知识呢？

（一）情境创设的基本要素

情境创设的基本要素是首先应能引起学生的注意，激发学生参与情境创设活动中的兴趣。常见的情境可以从学生的亲身经历，或学生感兴趣的人物事物等切入来创设。其次是创设的情境能连接到讲解的知识内容，把学生的兴趣和要讲解的知识连接起来，才能达到促进教学的目的。再次是情境创设应服务和促进教学，教学环节设计永远是主体，不要本末倒置。现在仍然有些展示课或比赛课在此要素上主次不分。

对"免疫调节"的两课时的教学设计为例进行分析，首先以本轮德尔塔病毒感染案例分析为情境进行导入。通过本次发病源头和传播链图片的展示为起点，然后以问题"原来的新冠疫苗对德尔塔病毒是否有效？为什么？"为切入点，这是这轮疫情发生后整个社会都担心的问题。这能引发学生共鸣和思考，能很快将学生的思维引入到本节知识学习中，进而顺理成章导入任务一：构建体液免疫与细胞免疫过程，解释疫苗仍然有效的原因。

（二）在情境创设中体现"教—学—评"一体化

设置的情境能契合学生的关注点和兴趣或重视方向，是有效学习的关键之一，也是引发积极讨论和思维碰撞的关键。通过任务一的完成过程和老师的补充和完善，强化了学生对免疫系统的组成，及特异性免疫的基本过程等基础知识内容的回顾和巩固，体现了通过情境激发思维，促进学生知识的"学"。同时，学生的感兴趣也是后续评价过程完成的关键。因激发了思考就会有不同的观点，观点不统一就会引发学生之间的相互评价质疑和讨论。学生之间的相互评价和讨论，老师的最后总结性评价等都充分发挥了评价的作用和意义。学生在学习的过程中的表现，基于对知识学习理解后相关评价又都体现了深度学习，这就是让"评"落地并融入学习的充分体现。情境创设的选择，教师所提的问题都在引导学生的学，体现了老师的"教"，最终三者通过情境创设和老师问题的引导和后续教学环节的组织真正融合在一起，这就充分体现了"教—学—评"一体化的设计思路和理念。

（三）训练题同样可以体现"教—学—评"一体化

在任务一完成后，通过适量的习题对学生进行评价。有些老师觉得做题是传统的方式，不能充分体现"教—学—评"一体化的教学设计理念，其实这种想法是错误的，现在的教育改革不是否定以前的所有教学方式，而是在原有教学方式上进行的变革。所以要明晰教育改革的方向，课堂中依然要通过"针对性习题"来训练，依然需通过"讲授法"来传授很多知识，依然要通过考试来阶段性评价学生等。习题测评既是老师对学生的评价方式的体现，又能体现出高三一轮复习课的基本特征，还能对学生学习效果进行评估反馈。用测评进行评价也体现了评和学深入融合的设计思路，再加上后续讲解也能体现"教—学—评"一体化。

（四）情境创设要首尾呼应更佳

通过回答问题，评价修正的过程后引导出新的任务，即任务二：特异性免疫过程中的一些概念辨析（病原体、抗原和身份标签等），其中疫苗对德尔塔病毒是否仍然有效？考查了学生对身份标签的理解，若身份标签发生了变异则疫苗效果会大幅减弱，否则就仍然有效。此任务的产生和完成是第一个任务的延伸和拓展，同时又能通过概念辨析强化对相关概念的理解，通过此过程就会让学生对免疫调节的相关知识掌握更全面而系统。

之后教师继续对德尔塔感染的真实情境进行挖掘，提问"什么是无症状感染者？"，学生回答后追问"为什么感染了德尔塔病毒会没有症状？"，学生继续回答，之后可以让不同观点的学生进行评价和表达自己的观点。老师再引导"很明显有些感染者出现了症状，明明已经打了疫苗，且是两次甚至三次注射，为什么还是出现了症状？"，给学生思考讨论回答的时间，还可以让学生之间进行相互评价。然后进一步通过问题串进行引导"病毒变异是否会停止？""以后的变异有没有可能造成身份标签出现变化，造成原有疫苗对变异后的病毒无效？"等。

最终导出任务三：如何针对身份标签发生变异后的病毒制作疫苗？让学生先回顾课本相关知识，由于这个问题难度较大，老师可以引导学生找到切入点，例如"若你是疫苗研发的工作人员，接下来你首先应该做什么？"引导学生得出结论，应该先研究该毒株的结构，研究病毒遗传物质类型，接着继续启发："引起人体免疫反应的特异性抗原即病毒的身份标签是什么？"然后通过小组合作讨论制作疫苗的思路（每个小组至少给出一种疫苗制作方案或思路）。通过小组展示设计思路，其他小组提出评价、质疑、修正和完善的过程来完成任务三。在完成任务的过程中老师通过问题引导和任务驱动式教学帮助学生学到、巩固、内化了知识，这些都体现了学生作为教学的主体对象。学生的展示评价、修正完善的过程充分体现了评价在课堂教学过程的作用和效果，充分证明基于情景创设才能更好地体现"教—学—评"一体化。

（五）让创设的情境尽可能地贴近学生

紧接着我们可以针对本次疫情感染者中小学生占比很大的事实提出预设问题串。

1. 此次小学生感染人数明显增加的原因是什么？根据小学生的情况，你建议注射哪种疫苗更好？为什么？

2. 若儿童中有患免疫缺陷疾病的，能否接种疫苗，尤其是减毒活疫苗，为什么？

3. 注射新冠疫苗一直都能起到预防作用吗？为什么？

4. 为什么接种了疫苗后要留观半个小时？

这几个问题的设置也充分利用了真实情境。因每一个学生都有注射疫苗的经历和感受，有一些人在实际注射过程已经产生了相关疑问，但更多的是没有从老师提问的角度去思考，故这些问题的提出能引起学生的共鸣和兴趣。这为刚学习的知识的运用创设了好的真实情境，使学生对知识理解的深度再上一个台阶，更体现了学以致用，提高了学生解决实际问题的能力，这恰是学科核心素养中提到的关键能力之一。同时也为学生之间的相互评价提供了良好的平台，让课堂教学中的评价扎根于真实情境的土壤，充分发挥评价的作用，实现了"教一学一评"一体化整体教学设计思想的初衷和理念。

综上所述，我觉得要实现"教一学一评"一体化的教学设计应该需要实现以下几个环节：一是教学情境的设计要贴近学生的经历和感受，情境设置最好是真实的，至少要引起学生的兴趣，这就需要老师要去了解学生喜好和关注点；二是创设的教学情境和要学习的内容密切相关，这为课堂教学中通过挖掘情境来设置问题，进而为设计活动任务打下良好的基础；三是设计的问题难度要考虑学生的基础知识背景，不能太难，也不能太简单，若太难就应该分解成若干有梯度的问题串来进行引导，否则学生跟不上就会放弃，让问题失去设置的意义，教学效果就会下降；四是老师在教学过程中要善于发现和充分利用学生意见不统一时的碰撞时机，用学生之间的生生互评和老师补充完善评价，还有测评等评价方式来体现评价的作用和意义。让评价的过程融入"教和学"的过程中，让教学评的三个环节随时穿插结合在整个课堂教学过程中，真正让它们形成相辅相成的统一整体，才能真正实现"教一学一评"一体化的教学设计和教学实效。

参考文献

[1] 中华人民共和国教育部. 普通高中生物学课程标准（2017 年版）[M]. 北京：人民教育出版社，2018.

[2] 卢立涛，梁威，沈茜. 我国课堂教学评价现状反思与改进路径 [J]. 中国教育学刊，2012 (6)：43-47.

[3] 李炎. 新课程背景下高中生物课堂教学评价的研究 [D]. 长春：东北师范大学，2009.

[4] 钱兵. 高中生物课堂教学评价的几点思考 [J]. 新课程研究（下旬刊），2014 (8)：93-94.

[5] 张颖. 高中生物课堂教学评价体系的建构研究 [D]. 西安：陕西师范大学，2015.

[6] 刘银华. 高中生物课堂教学评价之两点思考 [J]. 中学生物学，2015 (7)：60-62.

[7] 张晋. 基于核心素养培养的高中生物课堂教学评价指标体系构建 [D]. 重庆：重庆师范大学.

[8] 龚军辉，武琳，黄志刚，等. 新课程背景下高中生物课堂教学评价现状的调查与分析 [J]. 读书文摘，2017，(23)：17-18.

（此文荣获 2022—2023 学年度海南省基础教育创新研究与实践论文评比二等奖）

28."教—学—评"一体化在地理新高考备考中的应用

——以"自然环境的整体性"为例

刘湘蓉

摘　要：2022 年是海南"双新"和新课标落地高考的第一年，双新背景下高三地理一轮复习如何备考新高考、课堂上如何落实地理核心素养是当下高三地理教师所面临的重要课题。本文以"双新"阶段性成果展示课"自然环境的整体性"为例进行解析。

关键词：双新；自然环境的整体性；"教—学—评"一体化；新高考备考

近年来，"双新"对当前普通高中的改革意义非常重大，它强调立德树人、素养指向，强调让学习真正地发生。《关于新时代推进普通高中育人方式改革的指导意见》中指出，2022 年普通高中全面实施新课程、使用新教材。2022 年是海南"双新"和新课标落地高考的第一年，同时也意味着核心素养下的新一轮课程改革正式拉开了帷幕。高三地理一轮复习如何备考新高考、课堂上如何落实地理核心素养是当下高三教师所面临的重要课题。本文以"双新"阶段性成果展示课"自然环境的整体性"为例进行解析"教—学—评"一体化在地理新高考备考中的有效应用。

一、"教—学—评"一体化在一轮复习课堂教学中应用的提出

《义务教育课程方案》（2022 年版）在改进教育评价中提出：提升考试评价质量，全面推进基于核心素养的考试评价，强化考试评价与课程标准、教学的一致性，促进"教—学—评"有机衔接，形成育人的合力。这也将是新高考备考集体备课研究的重点内容，需要一线教师积极主动、认真地参与，并勇于实践。

1. 明确"双新"与新高考的关系。

"双新"是新课程、新教材，新课标属于新课程的一部分。高考评价体系的考查内容包括"核心价值、学科素养、关键能力和必备知识"四个方面。核心价值是引领、必

备知识是基础、关键能力是抓手、学科素养是必备知识与关键能力的内化。高考试题在立德树人根本任务的引领下，考查必备知识与关键能力，从而达到"服务选才"和"引导教学"的目的。在双新背景下，素养立意已经成为新高考命题的必然趋势。

新的考试评价体系的建立使高考制度也相应发生了变化，由过去的高考变成现在的学业水平考试（合格性与等级性考试），新高考主要是指等级性考试。新高考命题对整个考试评价的体系都有要求，其中就有充分开发与利用课程资源。课程资源不仅指各个版本的新教材（按照课标编写），也有校本课程。因此，双新背景下，高三教师在一轮复习备考时要明确"双新"与新高考的关系。

首先要树立正确的新课程观。新课程体系、方案主要由四部分构成（必修、选择性必修、选修、校本课程），通过这一系列新课程的设计使学生形成正确的价值观念，具有理想信念、科学素养和终身学习的能力。

其次要树立正确的新教材观。新教材版本很多，有各自的特点和优势。但不管哪一个版本都是在新课程标准下编撰、修订的。我们只有深刻理解、吃透新教材与新课标的关系，才能用好新教材，让新教材更好地服务应用到新高考备考上。

2. "教—学—评"一体化在一轮复习课堂应用的重要性。

教育部关于印发《普通高中学校办学质量评价指南》的通知中提到：严格按照课程标准实施教学，健全学校教学管理规程，统筹制订教学计划；不存在随意增减课时、改变难度、调整进度等问题，严禁高三上学期结束前结课备考。在此国家政策背景与高三复习课时相对又有限的情况下，高三一轮复习课堂教学中，"教—学—评"一体化教学设计的有效应用成为了地理学科核心素养真正落实在平常课堂教学中，以及新课程成功实施的关键。

传统教学比较重视双基。教师的"教"与学生的"学"一直都存在并且相对独立。后来三维目标的出现，教师的教和学生的学开始有机结合起来，课堂学生活动设计多了起来，学生逐渐成为"教"和"学"的主体。课堂看似非常热闹、生动、多样化，但最后的教学效果如走马观花般，学生缺乏深度学习，课堂一学就会，考试一考就不会。

现在课堂上提倡要以培养学生地理学科核心素养为目标。教师要注意教学各方面的一致性，建立基于核心素养培养的整体教学观念；要将过程性评价与终结性评价相结合，用评价引导学生在地理学习中学会认知、学会思考、学会行动。实际上就是要求教师将"评"融入"教和学"的课堂教学中。评是为了更好地教与学，必须要学生有表现才能进行评价。这就要求教学设计必须有给学生表现的教学环节设计，而这个环节往往就是真实问题情境的创设，所以情境创设就自然地进入了教学设计中。

新高考的定位就是通过不同情境的试题引导学生学会认知，学会思考，学会行动。通过评价使学生在学习过程中不断体验进步与成功，认识自我，建立自信，调整学习策略，以此促进学生学科核心素养的全面发展。因此"双新"背景下，高三教师在地理一轮复习备考中必须调整和改进地理教学的策略和方法，让"评"与"教和学"有效融合，最终形成"教—学—评"一体化，从而帮助学生减轻复习的压力，提升课堂教与学的效率。

二、"教—学—评"一体化在"自然环境的整体性"备考中的有效应用

1. 研读新课标，明确复习目标与课堂要"教"什么，体现"教—学—评"一体化。

新课标是新高考命题的主要依据，在进行一轮复习备考前必须对其进行充分的研读。因为是复习课，学生对许多内容有了一定的了解，教师在进行新高考备考时要根据新课标的要求，对新教材中所提供的文字、图片、案例、活动等材料系统地进行分析、处理，按照新高考考查要求，适当增加一些情境案例资料，确保教学目标与学生的"学"保持相对一致。

"自然环境的整体性"对应的新课标要求是"运用图表并结合实例，分析自然环境的整体性和地域分异规律"。把握本条要求时应注意以下两点：第一，地理环境的整体性规律是贯穿在整个课程内容中的；第二，在掌握整体性基础上，需要将其予以实际应用，解释某一区域的自然地理环境的整体性。选择典型区域解释区域内各要素如何相互联系与影响，形成区域自然环境特征。对新课标进行研读，确定本节课复习目标如下（表1）。

表1 复习目标

四层·考查内容	两年·命题统计
［必备知识］ 　　构成自然环境的地理要素；自然环境整体性及其表现	
［关键能力］ 　　综合分析自然环境整体性特征，描述、分析、归纳自然环境动态演变过程；培养归纳概括能力、演绎推理能力	［2020 年］北京卷第 16（1）（2）题 ［2021 年］海南卷第 1-3 题
［学科素养］ 　　能够从地理要素综合的角度，认识地理事物的整体性，地理要素相互作用、相互影响的关系；能够从空间和时间综合的角度分析地理事物和现象的发生、发展和演化	河北卷 16（1）； 1 月浙江卷 26（3）
［核心价值］ 　　能够从"人对地的影响"的视角，认识人类活动对自然环境的影响，树立正确的环境观、发展观	

2. 创设与学生日常生活相关的真实情境，让学生明确一轮复习课堂要"学"什么，体现"教—学—评"一体化。

高三学生对所复习知识已经有一定的了解，如果还按照传统的复习模式进行复习，学生在课堂上势必会注意力分散，不参与课堂教学活动。那么学生不参与进来，我们"评"什么？传统教学正是因为"评"的环节缺失或是弱化而被新课标加以修正，要辅以必要的直观手段和生活经验，在地理情境中强化学生的思维训练。因此在一轮复习备考教学设计中，也需要设置真实情境引起学生的探索兴趣，并通过与学生日常生活相关的真实情境的创设使学生能够更快地融入课堂中来，激发出他们的学科思维。

新课标重视以学科大概念为核心，使课程内容结构化，以主题为引领，使课程内容情境化，促进学科核心素养的落实。当前海南正在进行自由贸易港的建设，需要社会各界人才广泛参与进来。本次复习教学设计中，借此创设有关情境材料，提升学生的社会责任感。设置任务一（表2），课前布置给学生。

表2 任务一

1. 完成基础知识储备： 结合新教材，完成一轮复习资料《必备知识》P32-33内容
2. 借助海南自贸港的建设契机，情境观察： 观看视频《航拍中国—海南》、《今日中国—海南》， 结合内容与所学知识，用自然环境整体性原理分析、介绍"美丽海南"的自然风光，以此来引起世界对海南的关注，吸引人才到海南来与我们共同建设美丽海南自贸港

通过情境视频的观察，引发学生共鸣和思考，顺理成章地让所有学生带着任务一参与课堂教学过程中。任务一的完成过程，既强化了学生对基础知识内容的回顾和巩固，促进了学生的"学"，又激发了学生之间的讨论和相互评价。情境视频观察的创设中，教师所提的问题都在引导学生的"学"，也体现了教师的"教"；学生的"介绍"与相互讨论过程中体现了学生的表现，"评价"也自然地嵌入其中，充分体现了"教—学—评"一体化在新高考备考的有效应用。

3. 重视问题式教学、"一境到底"，有利于"教—学—评"一体化在新高考备考的有效应用。

新课标要求教师要重视问题式教学。问题式教学是用"问题"整合相关学习内容的教学方式。问题的设计需要依托情境，选择情境时要尽量考虑到贴近学生知识水平、生活实际和社会现实，使学生理解情境。围绕情境设计不同层次的问题链条，注重地理知识间的内在关联性，并将所学内容有逻辑地整合成可操作的学习链条。将完整呈现问题和相应情境作为学生学习的基础和背景，避免将情境仅作为"导入"的做法，即"一境到底"引导学生在充分理解情境的前提下展开学习。

接下来，在教学设计中又设置课堂任务二（表3）：继续通过视频《今日中国—海南篇》，进行相关情境案例分析，引导学生发现问题、提出问题，让所有学生参与问题解决的整个过程，提倡和鼓励学生呈现开放性思维，具有创新性表现。

表3　任务二

情境探究2： 　　阅读图文材料，结合所学知识分析海南岛西部形成热带沙漠（风沙化环境）的原因
情境探究3： 　　观看"《中国地名大会》中昌江植树娘子军"视频，结合视频内容、文字材料与所学知识，完成下列内容。 　　（1）简述海南西部昌江县植树难的原因，并说明植树娘子采取的治理措施。 　　（2）昌江县海滨地区流动沙地治沙造林试验有了较大的进展，请同学们为昌江县海滨地区风沙化环境进一步整治提出宝贵的建议。

多雨、湿热是海南留给人们的传统印象。在视频中可观察到西部的棋子湾附近，岩石裸露，黄沙蔓延，仙人掌和野菠萝等旱生植物肆意生长，让人容易联想到阿拉伯半岛上的滨海沙漠。有学生自然提出问题1：海南岛四面环海，为什么会形成热带沙漠？

视频"昌江植树娘子军"这段，学生了解到人们经过多年的艰辛努力把沙漠种成了绿海，提出问题2：昌江黎族自治县植树为什么那么难？植树娘子军采取了哪些成功的治理措施？

生态文明是人与自然和谐的文明，"建设生态环境，人人有责"。问题3提出：我们可为昌江黎族自治县海滨地区风沙化环境进一步整治做什么？

以上问题的发现、提出都是通过同一视频情境材料串联起来的。学生在解决问题的过程中，相互评价、质疑、修正和完善，体现了学生解决实际问题的能力，促进了学科核心素养在课堂上的落实。"人类活动对自然环境的影响、人地和谐"等是核心价值较好的体现，充实丰富培养了学生社会责任感、创新精神、实践能力等相关内容。学生对所复习知识的理解也再上一个台阶，每一个情境案例问题的解决，都对应一个整体性规律原理的应用，学以致用，"教—学—评"一体化在课堂也很好地实现了。

4. 重视规律总结提升，促进"教—学—评"一体化在新高考备考中的有效应用。

高三一轮复习时间有限，情境案例探究结束后，评价学生是否掌握所学知识，可通过引导学生在掌握基础知识的基础上总结提升规律（表4），再进行深度学习。

表4　整体性原理的表现——自然环境各要素间相互作用

（1）地形对其他要素（气候、水文、土壤）的影响	
（2）气候对其他要素（地形、水文、生物、土壤）的影响	
（3）水文对其他要素（地形、气候、生物、土壤）的影响	

续表

（4）生物对其他要素（气候、水文、土壤）的影响	
（5）土壤对其他要素（水文、植被）的影响	

5. 提供新的情境材料，让学生尝试命题，也可体现"教—学—评"一体化在新高考备考中的有效应用。

复习任务完成后，最终的评价是高质量地通过新高考的考查。本次复习尝试给学生提供一段新的情境材料，让学生站在新高考命题者的角度尝试命题：根据材料，利用整体性原理可以从哪些角度设问进行考查？效果非常好，学生设计的问题很好地体现了高考"四翼"的考查要求。试想如果给出任一情境材料，学生都能从"新高考"考查的角度推测到考查哪些必备知识，可能怎么命题，这不正是对学生学业质量、作答水平的最高评价吗？因此让学生尝试命题，也可实现"教—学—评"一体化，提升高三一轮复习的效果。

6. 重视回归教材（任务单），更好把教育服务应用到新高考备考中，促进"教—学—评"一体化在新高考备考中的有效应用。

新高考强调基础扎实，重视考查新教材中的基础知识与主干知识。高考试卷中也通常应包含一定比例的基础性试题，引导学生打牢知识基础。这就要求我们要灵活运用新教材里面的各种资源，如人教版教材中每一章前面的"卷首语"（大概念）、每一章节中的"教材活动"（学科核心素养的落实）、每一章结束后的"本章要点"（核心概念、必备知识）、每一章结束后的"问题研究"（学科核心素养的提升、关键能力）等。让学生掌握新课程、新教材中学科主干知识、基础知识，理解基本原理和概念，掌握地理学科基本方法，养成地理思维的基本习惯，从而让新课标落地于新高考。新高考复习备考中，让学生重视新教材，梳理教材知识（表5），有利于更好地实现"教—学—评"一体化整体教学设计的理念。

表5　回归教材（任务单）

1. 教材 P80 图 5.2 思考：
图中有哪几种自然环境要素？水在各要素间是如何迁移的？
2. 阅读教材 P81 案例思考：
结合课本材料，说明生物循环是如何将自然环境要素联系为整体的？
3. 阅读教材 P82 页案例，思考：
（1）流水侵蚀强弱与土壤下覆岩石风化速度的关系。
（2）流水侵蚀速度与土壤形成速度的快慢。
（3）坡面土壤厚度保持相对稳定的原因？

续表

4. 阅读教材 P82 页活动内容，结合所学内容思考：   (1) 推测可可西里地区气候与植被特点。   (2) 说明可可西里地区动物（如藏羚羊）的数量更易受环境条件影响的原因。   (3) 藏羚羊的数量虽有波动，但基本稳定。这种现象符合什么地理原理？
5. 阅读教材 P83 案例，思考：   湖泊演变为陆地的过程中，自然环境各要素是如何统一演化？最终形成了怎样的自然环境要素组合？
6. 阅读教材 P84 案例，根据图文材料回答：   森林过度采伐导致东北自然环境如何变化？
7. 教材 P85 活动，根据示意图图 5.5，思考：修建大坝后地理环境的演化过程

综上所述，"双新"背景下高三一轮复习备考策略上，采用"教—学—评"一体化教学设计，不仅能有效处理好课时不够与新高考复习之间的冲突，又能注重到学生主体地位，以学生发展为中心，在课堂上落实地理学科核心素养，让双新与新高考真正落地。

参考文献

[1] 教育部考试中心. 中国高考评价体系 ［M］. 北京：人民教育出版社，2019.

[2] 王健. 谈高考评价体系对"双新""双减"的助推作用：以 2022 年海南省高考地理试题为例 ［J］. 中学地理教学参考，2023（10）：59 - 62.

[3] 中华人民共和国教育部. 普通高中地理课程标准（2017 年版 2020 年修订）［M］. 北京：人民教育出版社，2020.

[4] 韦志榕，朱翔. 普通高中地理课程标准（2017 年版 2020 年修订）解读 ［M］. 北京：高等教育出版社，2020.

[5] 教育部考试中心. 中国高考评价体系说明 ［M］. 北京：人民教育出版社，2019.

（此文荣获 2023 年度海口市基础教育创新研究与实践论文评选一等奖）